醜さの美学——カント『判断力批判』の新展開

祖母、悦子へ贈る

醜さの美学

――カント『判断力批判』の新展開

高木　駿

よはく舎

目次

凡例

・カントの著作、講義録、覚書については、いわゆるアカデミー版Königlich-Preußische Akademie der Wissenschaften (Hg.), *Kants gesammelte Schriften*, Walter de Gruyter, 1900ff. に依拠し、引用する際には、巻数をローマ数字で、頁数をアラビア数字で記した。ただし、覚書については、Rの記号とその番数を明記した。尚引用したドイツ語については、現代ドイツ語に統一した（例えば、古典Production→現代Produktion）。

・『純粋理性批判』からの引用は、哲学文庫版（hrsg. von Jens Timmermann, 1998）を用い、慣例に従って、第1版をA、第2版をBとし、原著頁数をアラビア数字で記した。

・参考文献を指示する場合には、例えば、高木 2016やTakagi 2017のように、著者と出版年号の併記にて表した。使用した参考文献は、直接の引用を行っていないものまでを含めて巻末に表記した。

・引用文中における、（丸括弧）は著者の挿入であり、〔亀甲括弧〕は引用者の挿入である。強調がある場合には、傍点によって示し、誰による強調であるのかを適宜明記した。

はじめに

〔醜いかっこうのアヒルの子は、〕自分の姿が、たいそうみにくいために、みんなから、こんなにまでもばかにされるのが、なんともいえないほど悲しくなりました。

H・C・アンデルセンの有名な童話『みにくいアヒルの子』(1843)において、「みにくいアヒルの子」は、容姿の醜さを気にする。ディズニー製作の映画《美女と野獣》(1991)において、主人公の一人「野獣(アダム)」は、自身の異形を憎む。もちろん、こうしたフィクション作品のみにとどまらず、現実を見てみても、多くの人が、自分の整っていない醜い容姿を気にしているし、場合によっては、美容整形に通院してさえいる。また、許されるべきことではないが、他人の容姿の悪さをネタにしたり、それにあだ名をつけたりした経験は、多くの人に思いあたるはずである。私たちは「醜いもの」に興味を抱いてしまう。どうしてなのか「醜いもの」は、私たちを惹きつけてやまない。ときには、「美しいもの」よりも「醜いもの」の方に目を奪われるほどだ。しかも、これは、U・エーコが『醜の歴史』(2007)において論じた通り、近現代に限界づけられた事態ではない。例えば、ギリシア神話に登場する半身半馬の

図1　シーレーノス

種族「シーレーノス」（図1）は、醜い容姿を持つ代表的な存在として、彫刻、絵画、文学などさまざまな作品において描かれつづけてきた。「醜いもの」は、古代から現代にいたるまでずっと、私たちを魅了しつづけてきたのである。

それでは、私たちがこれほどまでに関心を寄せる醜さとは、一体何であるのだろうか。「醜さとは何か」、これが本書の根本的な問いである。古代から「醜いもの」が私たちの関心の的であったことを考慮するなら、「醜さとは何か」という問いに対する答えには、無数のヴァリエーションが考えられそうである。ところが、その数は、それほど多くはない。というのも、この問いへと答えを与える美学理論の数が、美しさを探究する理論に比べて乏しいからである。それゆえ、いまだ醜さには美学的に明らかにはされていない種類が複数存在するように思われる。そうした未解明の醜さの一つを解明する理論を展開することが本書の目的である。

さて、本書が主題とする醜さがいかなる種類のものであるのかについては、いったん脇におくことにして、まずは、醜さを説明する主要な理論を紹介するところから始めたい。紹介するにあたり、本書は、醜さの理論を、古い順に、マクロの観点から五つのタイプに分類する。しかし、言うまでもなく、この分類は絶対的に正しいものではない。どのタイプにも属さない理論はどこかに存在した／するであろうし、これから登場するかもしれない。あるいは、以下で登場する哲学者・神学者・美学者、それぞれの主張・思想をミクロの観点から考察すれば、本書とは異なる見解が得られるかもしれない。これから行う分類は、あくまでも、本書の問題意識を理解してもらうための準備でしかなく、醜さの美学一般への導入にすぎない。

「美学」と「美的」

醜さの理論の紹介に移る前に、「美学」と「美的」という二つの言葉について注意をしておきたい。まず、「美学」とは、aesthetics（英語）、Ästhetik（ドイツ語）、esthétique（フランス語）と呼ばれる学問に対応する日本語である。「美学」を文字通りに受け取れば、美を探求する学問となる。これでは、本書のタイトルである「醜さの美学」は、「機械の生物学」のように矛盾を孕んだものになってしまう。しかしながら、「美学」は、単に美しさのみを扱う学問ではない。「美学」の起源は、一八世紀のドイツの哲学者A・G・バウムガルテンによって提唱されたaesthetica（ラテン語）という学問にあるとされる。aestheticaは、ギリシア語で「感覚、知覚の学」を意味する「エピステーメーアイステティケー」に基づく造語であり、「感性的認識の学」を意味した（Vgl. 井奥 2019, p. 8）。感性的認識とは、感覚、知覚、そして感情といった感性的なものの表れ（表象）を感じること、知ること、経験することであり、そうした表象には、美しさだけでなく、崇高、優美、恐怖、醜さなどが含められる。こうした「感性的認識の学」としての性格が「美学」にあることを考慮するなら、「美学」は、感性的なもの、すなわち、感覚、知覚、感情を主題とする性格を持ち、感性的なものの表れ、すなわち、美しさ、崇高、優美、恐怖、醜さといった性質を探求する学問として理解されるべきである。したがって、本書は、「美学」という言葉を、美しさのみを探求する学問の意味ではなく、感性的なもの全般に関連し、そうした感性的なものの表れとしての性質を探求する学問という意味で使用する。この意味で、「醜さの美学」や「恐怖の美学」といった表現に矛盾はない。

次に、「美的」とは、aesthetica（ラテン語）、aesthetical（英語）、ästhetisch（ドイツ語）、esthétique（フランス語）という形容詞に対応する日本語である。「美的」も、素直に受け取れば、美に関わる様を表現する形容である。しかし、「美的」に対応する外国語がいずれも「美学」に対応する外国語からの派生であることに加えて、「美学」には美しさにのみ限定されない意味があることを考慮するなら、「美的」も、感性的なものやそれを表す性質に関わる様として理解されるべきである。したがって、本書では、「美的」という言葉を、感性的なもの（感覚、知覚、感情）や、その表れ（美、崇高、優美、恐怖、醜さといった性質）に関わる様を表現する形容の意味で使用する。例えば、F・ベーコン《ベラスケスによるインノケンティウス一〇世の肖像画後の習作》（1953, 図2）を鑑賞する際に、多くの人が恐怖を覚え、恐ろしい作品であるとの評価を下すであろうが、その体験は美的体験であり、その判断は美的判断と言える。なぜなら、

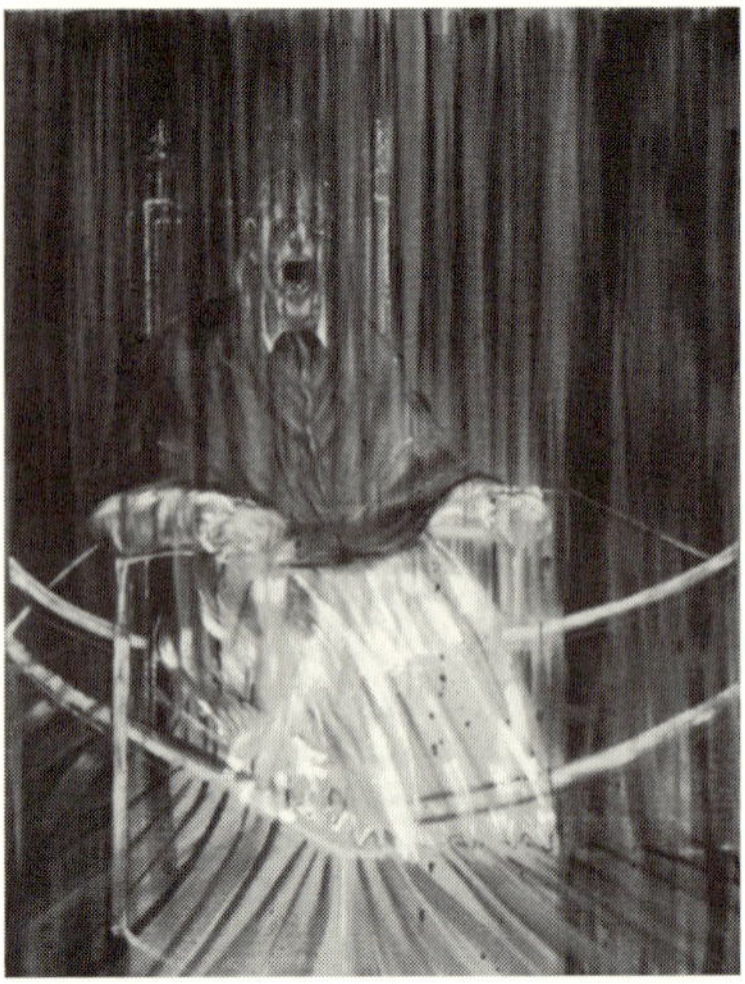

図2　F・ベーコン《ベラスケスによるインノケンティウス一〇世の肖像画後の習作》

その体験も判断も、たしかに「美しさ」とは無関係であるものの、恐怖という私たちの感情を表す性質には密接に関係しているからである。

それでは、醜さの理論の紹介に入っていこう。

欠如理論

一つ目の理論は、醜さを美しさの欠如として説明する理論である。以下では、これを「欠如理論」と呼びたい。

「欠如理論」の端緒は、古代ギリシアに求められると言ってよいだろう。プラトンの『国家』（476a1）に確認できるように、醜さは、美しさの反対概念として理解されていた。ただし、美醜は、同等な反対概念ではない。美しさは「美のイデア」によって美しくあることができる一方、醜さは、「醜のイデア」によって醜くあることはできない。なぜなら、悪や醜など、善や美という価値に対立するイデアを考えることはできないからである。そのため、『国家』では、「醜い」は、「美しくない」と言い換えられている。要するに、醜さとは、美しさの反対概念ではあるが、積極的な意味を持つ反対ではなく、美しさの欠如にすぎないというわけである。

さて、先にあげたみにくいアヒルの子と野獣は、「欠如理論」では、次のように説明される。アヒルの子は、他のアヒルの子が持つ美しい羽を持たないから醜く、野獣は、本来の美しい容姿（野獣は魔法をかけられた姿であり、もともとは美形な男性である）を失った異形であるゆえに醜い。私たちは、これらの説明を、直感に反しないものとして了解することができる。

「欠如理論」は、古代ギリシアから近代にいたるまでのあいだ支配的な理論となった。「欠如理論」の理解が中世キリスト教の哲学・神学者に引き継がれたことが、その大きな要因であったと考えられる。プラトンにおいて、醜さと悪とは交換可能であり、美と善とについても交換が成り立つ。例えば、人を欺く行為は、不正で悪い行為であるとともに醜いのに対して、真実を語る行為は、正しく善い行為であるとともに美しい。醜さと悪のイデアを考えることができない以上、両者は、それぞれ美と善の欠如として理解される。ここでは、「醜・悪」と「美・善」とが組み合わせとなり、前者は後者の欠如態になっている。この構造を、神との関係性のうちで確定的にしたのが、三世紀のプロチノス『エネアデス』「美について」であり、その理解は、聖アウグスティヌスや聖トマス・アクィナスといった中世キリスト教の哲学者・神学者へと引き継がれた。キリスト教の哲学者にとって最大の課題の一つは、神が計画し、創造した善い（はずの）世界においてどうして悪が存在しているのか、それを説明することであった。この問題には、悪と連関する醜さを説明する問題も必然的に伴われる。「欠如理論」は、この問題に対して効果があった。というのも、「欠如理論」は、この世界に醜さと悪とが積極的なものとして存在することを否定できるからである。「欠如理論」は、神による善い（美しい）世界を保つ理論として、キリスト教の哲学者に支持されつづけ、近代に入ってもなお、悪を、善の原理である「完全性」の欠如、つまり「不完全性」であると見なすG・W・ライプニッツや、醜さを、美しさの原理である「完全性」の欠如、つまり「不完全性」であると説いたバウムガルテンらからも支持されている。

美の理論

二つ目の理論は、醜さを美しさとして説明する理論である。以下では、これを、奇妙に聞こえるかもしれないが、「美の理論」と呼ぼう。

さて、「欠如理論」には、一つの限界がある。「欠如理論」は、美しさの欠如という事態を説明原理とする点で、醜さを単に消極的なものとしてしか説明することができない。醜さに積極的な意味（あるいは、役割や価値）があった場合には、その醜さのあり方を説明することができないのである。とはいえ、「醜いもの」が、美しさを単に欠いたものや、善を欠いた悪を表すものとして描かれた時代には、この限界は、明らかにはならなかった。キリスト教の権威が十分に発揮されていた時代、「醜いもの」は基本的に消極的なものとして以外には描かれなかったはずであり、「欠如理論」の限界は、限界として認識される（あるいは承認される）ことはなかった。

しかし、一五世紀に人文主義が花開き、一六世紀の宗教改革に端を発する度重なる宗教戦争や、一七五五年に発生したリスボン大地震などを通じて、キリスト教の価値観や権威は揺らいでいった（もちろん、この事態は、ここでの一文で説明できるほど単純なものではないが）。それに伴い、「醜いもの」は、単に消極的なものではなく、積極的な意味を持つものとして描かれることになる。それが決定的なものとして現れたのが、一八世紀中葉から一九世紀前葉に各国で興ったロマン主義である。その完成形は、V・ユゴーやC・ボードレールに見出すことができる。ユゴーは、『レ・ミゼラブル』（1862）において、天使が隠語を話す描写や、ジャン・ヴァルジャンが下水道から光のもとに出る描写によって、「醜いもの」を美しいものとして表現した（cf. 池田 2001, p. 61）。ボードレールは、『悪の華』（1861）「腐った死骸」において、蛆虫と蠅が増殖する腐った屍を描写し、死と生、転生への憧憬に伴われる美しさを表現した（cf. 平野 2012, p. 249）。ユゴーとボードレールは、「醜いもの」を、美しさを欠いたものではなく、むしろ美しいものとして描き出したのである。そこで表現された醜さには、美しさが不在であるどころか、むしろ美しさという積極的な意味が込められている。

ロマン主義による新たな醜さの発見は、「欠如理論」の限界とともに、新たな理論の必要性を明らかにした。当時の哲学・美学者も、ロマン主義の動向に呼応し、欠如とは異なる観点から、醜さの考察を行った。その代表には、C・H・ヴァイセ、J・K・ローゼンクランツをあげることができる（cf. 鈴木 2007, p. 372）。ヴァイセは、『美学体系』（1830）において、醜さを、「逆さまの美」として、美学の体系のなかに組み込み、美しさの概念のもとに包摂した。さらに、ローゼンクランツは、『醜の美学』（1853）において、醜さを美しさの理念のもとに置くだけでなく、美しさの理念のうちに狭義の美と滑稽さという対極を設け、醜さをその中間に位置づけた。醜さは、狭義の美しさと滑稽さとの連関において固有の美的効果を発揮する。醜さは、積極的なものとして捉えられ、最終的には、美の範疇ないし体系に属する一種の美しさとして説明されたのである。ここに、「美の理論」という新たな理論を読み取ることができる。

しかし、なぜ「美の理論」は、醜さを、反対概念である美しさとして説明することができるのであろうか。注目すべきは、「美の理論」が、「醜いもの」、つまり醜さを担う対象ではなく、醜さの美的な効果に着目する点である。この効果は、「醜いもの」が、私たちの主観や心に影響を及ぼし、何らかの感情を生じさせることを意味する。ところで、当時の哲学・美学者によって違いはあるが、基本的に、美しさという性質は、主観の快の感情に対応すると考えられていた。快の感情を引き起こす対象は美しいと評価される。それゆえ、「醜いもの」が、快の感情を引き起こすことになれば、「醜いもの」は、その美的効果のゆえに美しいと評され、その醜さは美しさに包摂される。このように、「美の理論」は、感情を生み出す美的効果に着目することによって、醜さを美しさとして説明することができるのである。

ボードレールによる蛆虫と腐った屍の描写を、「欠如理論」は、美しさが欠けているとしか説明することができない。これに対して、「美の理論」は、蛆虫と腐った屍の描写が私たちに快の感情を引き起こすのであれば、その描写を美しいと説明することができる。ユゴーの描写についても同様に説明できる。これにより、醜さは、美しさの欠如ではなく、美しさと同様に積極的なものとなる。

崇高の理論

三つ目の理論は、醜さを崇高として説明する理論である。以下では、これを「崇高の理論」と呼ぼう。醜さを崇高として見なす発想も、ロマン主義とそれに関連する思想のうちに見出すことができる。当時、美しさが快の感情に対応すると考えられたのと類比的な仕方で、崇高という性質は、不快の感情と快の感情とからなる「混合感情」に対応すると考えられていた（例えば、E・バーク、M・メンデルスゾーン、I・カント、J・C・F・シラーなど）。「混合感情」とは、苦痛や恐怖などの不快の感情と、主観がそうした否定的な感情を乗り越えることで得る快の感情によって構成される感情である。「混合感情」を引き起こす対象は、崇高であると評価される。例えば、シラーが「崇高に関して：いくつかのカント的理念に関する拡張的解説」（1793）において注目したレグルス将軍の悲劇を取り上げてみよう。古代ローマの将軍レグルスは、カルタゴとの戦いに敗れ、虜囚となる。その後、ローマとカルタゴとの和平交渉のために仮釈放され、ローマに遣わされるが、仮釈放というカルタゴ人との約束を守るために、カルタゴへと戻り、結局は拷問のすえに殺されてしまう。レグルス将軍は、カルタゴに戻る際に殺される恐怖に苛まれ苦悩した。けれども、将軍は、約束を守るという徳のある行為を行い、恐怖や苦悩に打ち勝ったのである。レグルス将軍は、私たちに、恐怖や苦悩に関わる不快の感情を感じ取らせるとともに、それらの克服に関わる快の感情をも感じ取らせる点で、「混合感情」を引き起こす対象であり、崇高なものとして評価される。

こうした崇高の理論は「醜いもの」に対しても応用され、醜さは崇高として説明される。例えば、バー

図3　ルシフェル

クは、『崇高と美の観念の起源』（1759）において、J・ミルトン『失楽園』（1667）に登場する悪の化身である魔王サタンを崇高なものとして評価する。サタンや悪魔、デーモン（悪霊）は、キリスト教の勃興以来、悪の象徴として醜い存在であった（例えば、《ルシフェル》（『アルトネンシス写本』、14世紀頃、図3）。ミルトンが描くサタンにはサタンが大天使だったころの威厳もうかがえ、それが私たちに恐怖とともに無限や永遠といった曖昧な観念を呼び起こすことになる。私たちは、そうした曖昧な観念を、「想像力」によって理解しようと試みる。この試みは、私たちが想像力という自らの力でもって恐怖の対象であるサタンを乗り越えようとする事態でもあり、この事態は快の感情を引き起こす。したがって、「醜いもの」であるサタンは、私たちに「混合感情」を引き起こす対象であり、崇高なものとして評価されるのである。

　このように、「崇高の理論」は、「美の理論」と同じように、すなわち、対象が感情を生じさせる美的効果に着目することによって、醜さを崇高として説明する。したがって、ここで説明される醜さも、美しさの欠如ではなく、崇高と同様に積極的なものとなる。

醜の理論と気持ち悪さの理論

四つ目の理論は、醜さを純粋な醜さとして説明する理論である。以下では、これを「醜の理論」と呼ぼう。

さて、「欠如理論」には、醜さを積極的な意味や役割、価値を持つものとして説明することができないという限界があったが、この限界は「美の理論」、「崇高の理論」によって克服された。というのも、この二つの理論は、醜さを、美しさおよび崇高と同様に積極的なものとして説明することができるからである。しかし、「美の理論」、「崇高の理論」は、美しさないし崇高の理論の応用にすぎず、そこで論じられる醜さの積極性も、美しさや崇高の積極性に依存したものにすぎない。そのため、この二つの理論は、醜さを、それ自体で積極的なものとして、つまりは、それ固有の根拠を持つ純粋な醜さとしては説明していないのである。あるいは、そうした純粋な醜さなど存在せず、それを論じることなど、そもそも不可能なのだろうか。

この問いに答えるのが、「吐き気」という概念である。「吐き気」とは、アリストテレスの模倣（ミメーシス）論の例外を示すものとして、一八世紀の詩人J・A・シュレーゲルによって導入された概念である（cf. Schlegel 1751, p. 111）。アリストテレスは、『詩学』第四章において、厭わしい動物や死骸などの苦痛をもたらす対象であっても、制作において的確にその像が模倣されるなら、喜びをもたらすと論じた。これに対して、シュレーゲルは、「吐き気」だけは、制作（芸術）活動を通じても、なお変わりなく、不快のままであると指摘したのである〔1〕。そのため、「吐き気」を催させる「醜いもの」は、現実に存在する対象としても、芸術により模倣された対象としても、不快しかもたらすことはなく、いかなる快の感情をも引き起こしはしない。したがって、この醜さは、美しさでも崇高でもない純粋な醜さということになる。

ところで、J・デリダは、『エコノミメーシス』（1975）において、「吐き気」の構造を分析し、「吐き気」を催させる醜悪なものの背後に、感覚も、表象も、理解も、同一化も、名づけることも不可能な「絶対的他者」を指摘した。私たちは、何らかの対象に出会った際に、それを感覚し、表象し、理解し、そして自分のものにしようと試みるのではないだろうか。それが、得体の知れないものであれば、なおさらである。しかし、その試みが不可能であるとき、私たちはその対象を吐き出さざるをえない。感覚も、表象も、理解もできないものは、絶対的な他者として、吐き出さざるをえないのである。逆に言えば、そうした他者によって、「吐き気」は可能になる。

したがって、「吐き気」を催させる「醜いもの」とは、私たちにとって何一つわからないものであり、その醜さこそが、純粋な醜さとして説明される。この醜さは、絶対的にわからないもの（絶対的な他者）を固有の根拠として、美しさおよび崇高からは独立に、端的にネガティブなものとして、逆説的ではあるが、それ自体で積極的なものでありえる。「美の理論」、「崇高の理論」が他の美的性質（美しさ、崇高）との関係から、それらの性質に依存する醜さを説明するのに対して、この「醜の理論」は、醜さに固有の根拠に基づき、純粋な醜さを説明することができる。

ただし、「吐き気」は、単なる生理的な反応にとどまる場合もある（cf. 長野 2010, p.16）。例えば、腐乱した死体が放つ臭いは、それを嗅ぐ者を気持ち悪くさせ、「吐き気」を催させる。この場合、「吐き気」を催させる対象は、単に生理的に気持ち悪いものであり、問題になる醜さも、生理的な醜さにすぎない。一般的に見れば、「吐き気」を催させる「醜いもの」は、こうした気持ち悪いものである場合が多いだろう。腐乱した死体までいかずとも、例えば、ゴキブリや蛸、吐瀉物など生理的に受けつけない気持ち悪いものは、身近に多く存在する。ここからは、五つ目の醜さの理論として「気持ち悪さの理論」を主張できるだろう。その醜さを根拠づけるのはまさに気持ち悪いという生理的な感情であり、その醜さは純粋な醜さとは区別される。

ここまで、醜さの理論を、「欠如理論」、「美の理論」、「崇高の理論」、「醜の理論」、「気持ち悪さの理論」という五つのタイプに分類してきた。これらの理論は、醜さの理解が発展してきた歴史、すなわち、端的に消極的なものとしての醜さ（美しさの欠如としての醜さ）から、条件づきで積極的なものとしての醜さ（美しさないし崇高としての醜さ、気持ち悪さとしての醜さ）を経て、端的に積極的なものとしての醜さ（純粋

［1］「吐き気」は、メンデルスゾーン、レッシング、カントらによって議論された（cf. 長野 2010, pp. 8-12）。カントは、「吐き気を催させる醜さ」（V 312）という表現を用いて、「吐き気」と醜さが関連することを指摘している。ただし、本書の考察対象は、後述の通り、この「吐き気を催させる醜さ」ではなく、純粋な醜さである。

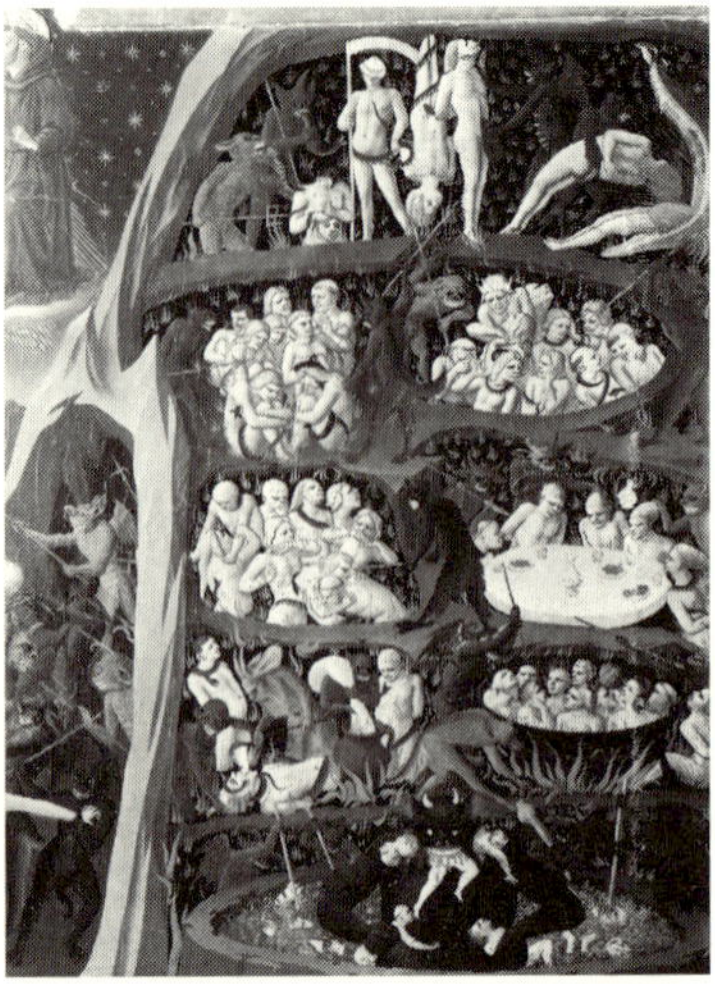

図4　B・アンジェリコ《最後の審判》

な醜さ）へといたる歴史を表すと言えよう。この歴史において長らく支配的であったのは「欠如理論」であり、醜さが条件づきではあれ積極的なものとして探求されるようになったのは、十八世紀以降のことである。純粋な醜さの探求にいたっては、一〇〇年も費やされてはいない。理論の発展に時間が不可欠であるとは限らないものの、美しさを解明するために費やされてきた二〇〇〇年以上もの時間に比べて、積極的なものとしての醜さを解明するために用いられてきた時間はあまりにも短い。

　さて、五つの理論に従えば、「醜さとは何か」という問いに対して、六つの答えを用意することができる。一つ目は、美しさの欠如としての醜さである（例えば、シーレーノス）。この醜さからは、善の欠如である悪としての醜さが導かれる（例えば、B・アンジェリコ《最後の審判》（1430-35, 図4）の地獄）。これが二つ目である。三つ目は、美しさとしての醜さであり（例えば、『悪の華』が描く屍）、四つ目は、崇高としての醜さである（例えば、『失楽園』が描くサタン）。五つ目は、「吐き気」を催させる純粋な醜さであるが、「吐き気」には生理的なものもあるので、単に生理的な醜さも考えられる（例えば、腐乱死体）。これが六つ目である。

　このように分類・整理してみると、既存の理論は、「醜さとは何か」という問いに対して、豊富とは言えないまでも複数の答えを提供することができる。しかし、不十分な点も当然存在する。その一つは、純粋な醜さの解明に見出される。「醜の理論」は、純粋な醜さを説明するために、絶対的にわからない他者を必要とするが、私たちは、そうしたものに出会わなければ、純粋な醜さを論じることができないのであろうか。絶対的にわからないものは、当然例示もできないので、具体例を明記することができない（前段で六つの答えを見た際に、純粋な醜さの例を示せなかったのは、このためである）。たしかに、絶対的にわからないものに出会うことはあるかもしれないが、そんな体験は非常にまれであろう（少なくとも私は、いまだかつてない）。「醜の理論」の要求するハードルは高いように思われる。純粋な醜さはそれほどまでに珍しいものなのであろうか。

　また、「醜の理論」が論じる純粋な醜さは、感覚さえも不可能である絶対的な他者を根拠とする以上、感覚や感情といった感性的なものに基づくものではない。つまり、この醜さは、美的性質ではないのである。そのため、美的性質である美しさの反対概念ではありえない。両者は、まったく別の体系に属する別の性質であり、比較することさえできないであろう。「醜の理論」は、実のところ、美学ではなく、むしろ美学に反するような理論となる。それまでの理論が、醜さの純粋性や積極性を軽視してきたことを考慮すれば、「醜の理論」が、美学から独立した醜さの概念を大胆にも論じることには、大きな意味があるだろう。しかしその一方で、美的性質ではなく、それゆえに、美しさの反対概念でもない醜さというものには、違和感もある。

もちろん、こうした疑問があるからといって、「醜の理論」が否定されるべきものとなるわけではないし、本書もこの理論の否定を意図してはいない。本書の目的は、この理論の批判や乗り越えではない。これらの疑問から本書が得たのは、絶対的他者の導入や美的要素の排除をしなければ、純粋な醜さを説明することはできないのかという問いである。固有の根拠を持ち純粋であるとともに、美しさの反対概念である醜さはありえないのであろうか。私たちの直感に従えば、そのような種類の醜さは説明されるべきである。というのも、私たちは直感的に、純粋な美しさの反対には純粋な醜さが対置されるはずだと考えるからである。

要するに、「醜の理論」だけでは、取りこぼしてしまう純粋な醜さの種類があるのではないだろうか。そこで、本書は、この醜さ、つまり、美しさの反対概念としての純粋な醜さを説明する理論の構築を試みる。それにより、純粋な醜さの解明には新たに一つのヴァリエーションが追加され、不十分さが補完されることになるだろう。

本書が探求する醜さとは、純粋な美しさに対置される純粋な醜さである。しかし、いかにしてこの醜さを説明すればよいのであろうか。そのための美学理論をどのように構築すればよいのであろうか。これらの問いに答えるために、本書が注目するのがカントの美学である。

カントが、『純粋理性批判』(1781/1787)、『実践理性批判』(1788)、『判断力批判』という一連の批判書

(三批判書)を通じて、人間の能力を吟味し、その限界を画定する批判哲学を展開したことは、高校の倫理でも説明されるほどに人口に膾炙している。そして、研究者も含めた多くの人が、第三の書である『判断力批判』を、美しさを説明するカント美学の書として理解している。もちろんこの理解は間違ってはいない。『判断力批判』では、私たちの趣味の能力、つまり対象の美しさを判定する判断力を扱う美学理論がたしかに展開されているからである。しかし、カントの美学的な関心が美しさにのみあったかと言えば、そうではない。カントは、いくつかの講義において、次のように述べている。

醜さは、美しさと同様に積極的なものである。(XXIV 708)
醜さは、美しさの単なる不在ではなく、美しさに反するものの現実存在である。(XXIV 364)

カントの美学的な関心は、「醜さ Hässlichkeit」にも向けられていたのである(醜さ以外にも、快適さや崇高に対してもカントの美学的な関心は向けられている)。しかも、カントは、醜さが、美しさの欠如ではなくその反対であり、積極的なものであるとさえ言っている。カント美学においては、美しさが固有の根拠を持つ積極的なものとして説明される以上、醜さが積極的なものであるということは、この醜さにも固有の根拠が想定されているということである。つまり、カントは、醜さを、美の反対概念であるとともに、固有の根拠を持つものであると考えている。カントにおける醜さの特徴は、本書が探求する醜さの特徴と合致する。

とはいえ、残念なことに、カントは、そのような醜さを説明する理論を明示的には展開しておらず、醜さに関する言明自体も数えるほどしか存在しない。そのため、カント美学をそのままなぞったところで、純粋な醜さのための理論が自然と浮かび上がるわけではない。

しかし他方で、講義において論じられているということは、美学理論にも、純粋な醜さについての理解が潜在しているはずである。本書は、このカント美学の奥深くにあるいわば隠された理解を採掘し、それらを再構成することで、純粋な醜さを説明する一つの美学理論、つまり一つの「醜さの美学」の構築を目指す。

純粋な醜さとは、一体何であるのか。その正体を解き明かしていく。

序章

この序章では、本論に入る前の準備として、本書の研究が他の先行研究と比べてどのような位置にあるのかを確認し、本書の目的を達成するためにはどのような方法を取ればよいのか、どのような構成になるのか、本書の方法と構成を紹介する。また、その途中で、『判断力批判』という書物に親しみのない読者のために、『判断力批判』とはいかなる書物であるのかも、簡単にではあるが概観しておきたい。しかし、あまりにも難しいと感じる場合には、拙著『カント『判断力批判』入門 美しさとジェンダー』(よはく舎, 2023) をオススメする。

第一節　何を目指すのか?

「はじめに」で述べたように、本書の目的は、美しさに対置される純粋な醜さを説明する美学理論を構築することであり、それによって、純粋な醜さとは何であるのかという問いに、一つの答えを与えることである。この目的のために、本書は、カントの思想、正確に言えば、『判断力批判』に代表されるカント美学を参照する。この意味において、本書は『判断力批判』の研究の書となる。

第二節 『判断力批判』とは?

美的判断力と目的論的判断力

本節では、『判断力批判』がいかなる書物であるのかを概観しておこう。『判断力批判』は、二部構成であり、第一部「美的判断力の批判」および第二部「目的論的判断力の批判」から構成される。

第一部の主要な課題は、或るものが美しいか美しくないかを私たちが判定する、そうした判断の構造を解明することである。そのために、カントは、「趣味 Geschmack」(V 203) という能力と「趣味判断」(ibid.) という判断に注目した。日本語で「趣味」と言うと、「あなたのご趣味は何ですか?」のように、楽しみや道楽を思い浮かべるかもしれない。この日本語の意味とも重なる部分もあるが、カントが用いる「趣味」とは、何らかの対象が美しいか美しくないかを快/不快の感情に基づいて判定する判断能力としての趣味であり、「美的判断力」とも呼ばれる (cf. ibid.)。以下では、基本的に「趣味」という語によって、こうした判断力としての「趣味」を意味するものとする。そして、この能力によって下された、例えば「このバラは美しい」といった、対象の純粋な美しさを言明する判断が「趣味判断」である。カントは、趣味判断の構造と、趣味が働くあり方を分析することで、いかにして私たちが対象の美しさを判定するのかを明らかにした。こうした課題の遂行に関連して、「快適さ」や「崇高」といった美しさ以外の美的性質についても副次的な解明が行われ、さらには、美的性質が付与される／見出される美的対象、すなわち、自然（物）と芸術（作品）とに関する考察も行われた。

これに対して、第二部の主要な課題は、自然が目的を有するという事態を私たちが判定する、そうした判断の構造を解明することである。カントにおいて、自然の対象は基本的に自然法則に従う機械論的なものとして説明される。例えば、木から実が落ちるのは、万有引力という法則に従って実が落下するからである。しかし他方で、自然の対象は、機械論以外の観点からも説明することができる。木から実が落ちるのは、子孫を残すためである、という説明である。実（厳密には種子）は木のために存在し、木は実の成長のために存在する。両者は、互いが手段であるとともに目的であり、そうした樹木は、「有機化された存在者」（V 300）として説明される。こうした、自然が目的を持つ有機的存在者であると見なす判定は、「目的論」の観点に基づいた「目的論的判断」であり、そうした判定を行う判断力は「目的論的判断力」（ibid.）と呼ばれる。カントは、この判断力が働くあり方を分析することで、いかにして私たちが自然を有機的な存在者として判定するのかを明らかにしたのである。さらにカントは、この自然に目的を付与できる人間、つまり自然界における最高の目的としての人間から、自然界を超えたもの、ひいては神へといたる可能性を模索した。ここには、『純粋理性批判』、『実践理性批判』を通じて問われた神の問題に対するカントの最終的な態度を見ることができる。

判断力の「批判」と二つの哲学

『判断力批判』の第一部と第二部は、まったく異なる主題を扱ってはいるものの、「判断力」の働きのあり方を分析するという点では共通している。その分析は、「美的判断力の批判」、「目的論的判断力の批判」とあるように、共に「批判」という仕方で行われる。それでは、「批判」とは何であるのか。カントの「批判 Kritik」は、その語源のギリシア語と同様に、「分ける」という意味を持つ（cf. 御子柴 2018, pp. 6-9）。より正確に言えば、「批判」とは、特定の能力の力が及びうる範囲と及びえない範囲とを「分け」、能力が自身の権限を発揮する限界を「画定する」ことである。それゆえ、『判断力批判』とは、判断力の働きのあり方を解明する書物であるのみならず、判断力の力が及びうる範囲と及びえない範囲とを分ける（批判する）書物なのである。

しかし、どうして判断力は批判される必要があったのだろうか。なぜカントは『判断力批判』を記す必要があったのであろうか。例えば、『純粋理性批判』において理性が批判されたのは、推論の能力である理論理性が引き起こす次の事態が不当であることを論じるためであった。その事態とは、理論理性が、推論を通じて、自然界（現象界）における現象の認識から、自然界を超えたもの（魂、世界、神）にまで認識を拡張し、その認識をもって、世界を超えた対象にまでも客観性・実在性を与えるという事態である。カントは、理論理性による認識（理論的認識）を可能にする原理を解明し、理論的認識がいかにして可能になるのか、その可能性とともに、そうした原理によっては現象以外のいかなる認識も可能にはならないことを明らかにした。これにより、理論理性という能力が及びうる範囲と及びえない限界とを画定し、限界を超え出ていた先の事態は、越権であり、不当であると断じたのであった。このような『純粋理性批判』における批判のあり方を考慮すると、判断力の批判が必要になった理由は、判断力が理論理性と同様に、不当と断じられるべき事態を引き起こしてしまうからであると予想できる。しかし、実際にはそうではない。

カントは、『判断力批判』「序論〔2〕」第三節において、判断力の批判を、哲学の異なる二つの部門を接続するための手段に位置づける（cf. V 176）。カントの哲学は理論哲学と実践哲学という二つの部門に区別される。前者が、自然の理論的認識や自然法則を対象にするのに対して、後者は、人間の行為や道徳的・実践的な法則（道徳法則）を対象にする。前者は「自然概念」（V 171）に基づく哲学である点で「自然論」（V 172）、後者は「自由概念」（V 171）に基づく哲学である点で「道徳論」（V 172）とも呼ばれる。これらの哲学の二部門は、異なる概念に基づき、異なる法則を有するために、あたかも異なる主権国家のように、自らの権利が及ぶ「領地／領域 Gebiet」（V 174）をまったく異にする。二つの部門のあいだには、いわば国境のような決定的な隔たりが存在する。カントは、判断力の批判を、哲学のこのように断絶された二つの部門を接続するための手段と見なしたのである。

しかし、なぜ理論哲学と実践哲学は接続されなければならないのであろうか。もし哲学の二つの部門が断絶されたままであれば、私たち人間が生きるこの世界（現象界）に道徳法則が影響を与えることが不可能になり、人間の道徳的な行為を説明することができなくなってしまう。というのも、人間の行為は、例えば、筋肉の収縮運動のように、自然法則に従う現象である限り、本来的には道徳法則の対象ではないからである。現象としての人間の行為に道徳法則が適用可能となるためには、自然概念による法が支配する領地と自然概念による法が支配する領地とのいわば国交（一方向的なものだが）が可能になる必要があり、哲学の二つの部門をつなげる媒介者が必要になるのである。カントは、判断力の批判がこの媒介になると考えたわけである。

媒介としての自然の合目的性

しかし、いかにして判断力の批判は、そうした媒介であることが、つまり、哲学の二つの部門を接続するための手段であることができるのであろうか。判断力の批判も、それが批判である限り、判断力が不当と断じられるべき事態を引き起こさなくとも、判断力の限界を画定しようと、判断力を可能にする原理を究明する。判断力の批判は、判断力による諸判断（趣味判断や目的論的判断など）を可能にする原理にまで遡り、それらの判断がいかにして可能になるのかを明らかにする。その原理とは「自然の合目的性」（V 181）である。「自然の合目的性」によって哲学の二つの部門は接続可能になるのである。

まず、合目的性とは、目的因に基づく原因性である。目的は意志という欲求能力が設定するものなので、合目的性は一般に意志の原因性と言われる。例えば、大切な人に花を贈る場合を考えてみよう。その人を喜ばせるためという目的因があり、その原因から花を贈るという結果が導かれる。その人を喜ば

［2］『判断力批判』には二つの序論が存在する。それぞれ「第一序論」、「第二序論」および「現行序論」などと言われることがあるが、本書では、二つ目の序論を「序論」と記載する。

せるために花を贈るという行為が従っている原因性が合目的性に他ならない。意志は、目的設定を自ずから行う以上、自由概念を必要とするので、こうした合目的性も自由概念に基づく。

それゆえ、「自然の合目的性」、すなわち、自然が合目的性に基づき、合目的的なものであるという事態が正当なものとして考えられるとすれば、この事態のうちには、自然概念と自由概念との連関が見出されるはずである。ところで、判断力の批判は、既述の通り、「自然の合目的性」を判断力の働きを可能にする原理として明らかにする。これにより、「自然の合目的性」は、私たちが判断力による諸判断を下すことができている限りで、そのためになくてはならない前提として正当化され、だからこそ、自然概念と自由概念との連関も正当なものとして確認される。ここにおいて、自然哲学と実践哲学という哲学の二つの部門は、晴れて接続可能になるわけである〔3〕。

このように、判断力の批判は、原理を究明するという点において、哲学の二つの部門を接続する媒介として機能する。カントが判断力を批判しなければならなかったのは、批判という営みを通じて、判断力の越権を是正するためというよりも、自然哲学と実践哲学とを接続するためだったのである。自然哲学と実践哲学は、カントがそれまでに展開してきた哲学を意味するので、カントは、『判断力批判』を通じて、自身の哲学の統合を図っていると理解することもできる。

まとめよう。『判断力批判』は、二部構成であり、第一部では主に、趣味判断とそれを下す趣味という美的判断力の解明が行われ、私たちが対象を美しいと判定する構造が主題にされるのに対して、第二部では主に、自然の目的に関わる判断とそれを下す目的論的判断力の解明が行われ、私たちが自然を有機的な存在として判定する構造が主題にされる。これら二つの部分に照らせば、『判断力批判』とは、一方では美学の書であり、他方では目的論の書となる。ただし、二つの部分を貫く「判断力の批判」という より大きな問題意識を考慮するなら、『判断力批判』とは、自然哲学と実践哲学とを統合する、哲学の体系に関わる書ということになる。要するに、『判断力批判』という書物には、複数の顔が存在するのである。だからこそ、『判断力批判』の研究も、それらに応じたヴァリエーションを持つことになる。

第三節　本書はどのような研究なのか？

先行研究のタイプ

ここでは『判断力批判』の先行研究を確認しよう。『判断力批判』の研究は、国内外を問わず、『純粋理性批判』、『実践理性批判』という他の批判書の研究に比べて、本格的に着手された時期も二〇世紀に入ってからと遅く、数も多くはない。『判断力批判』自体は三批判書の一つとして有名であるにもかかわらず、『判断力批判』の研究は、カント研究の王道ではないと言える。とはいえ、それらの研究の蓄積も一定数はあり、おおよそ以下の四つのタイプに分類することができる。

［3］「自然の合目的性」についての詳細な考察は、高木 2019を参照のこと。

一つ目のタイプは、H・コーエン、J・クーレンカンプなどに代表される（cf. Cohen 1889, Kulenkampff 1978, etc.）、第一部「美的判断力の批判」に関する研究である。前節で見たように、第一部では、美しさを言明する趣味判断と趣味の解明が行われ、それに関連して、他の美的性質や美的対象についての考察も行われた。そのため、このタイプに属する研究は、美しさだけでなく他の美的性質（快適さや崇高など）までをも対象とし、自然物や芸術作品といった美的対象についての考察も行なっている（cf. Kemal 1986, Clewis 2009, etc.）。これらの研究に共通するのは、美的な特徴とそれに対応する感情に着目するという点である。それらの研究は、もともとは哲学の研究として行われていた背景を持つが、美学という研究分野の独立に伴って、近年では美学の研究として展開される場合も多い（cf. Budd 2008, etc.）。

二つ目のタイプは、P・バウマンスやH・ギンスボルクなどに代表される（cf. Baumanns 1965, Ginsborg 2015, etc.）、第二部「目的論的判断力の批判」に関する研究である。第二部の主要課題は、私たちが自然を有機的な存在として判定する際の判断構造と目的論的判断力の解明であった。この課題に関連する問題を扱う研究は、美学ではなく、哲学の研究に属し、近年ではとくにアメリカで盛んである。そこでは、生物の目的をいかにして考えるべきか、あるいは、物質の目的をいかにして考えるべきかといった進化論の哲学や自然哲学の諸問題が取り上げられることもある（cf. Ginsborg 2015）。

三つ目のタイプは、P・ハインテルやW・バルトゥシャットに代表される（cf. Heintel 1972, Bartuschat 1972, etc.）、『判断力批判』の体系性に関わる研究である。前節で確認したように、「判断力の批判」という営みに注目すると、『判断力批判』は、理論哲学と実践哲学との体系のための書として理解される。また、「判断力の批判」は、第一部と第二部とに共通するものであり、両部分の体系を維持するものでもある。つまり、「判断力の批判」の観点からすると、『判断力批判』には二つの体系性が考えられる。それに応じて、このタイプの研究は、さらに二つに区別される。すなわち、第一に、理論哲学、実践哲学を代表する他の批判書（『純粋理性批判』、『実践理性批判』）と『判断力批判』との関係性、つまり三批判書全体の体系を問題にする研究であり（cf. Bartuschat 1972, etc.）、第二に、『判断力批判』の第一部である美学と第二部である目的論との体系を問題にする研究である（cf. Düsing 1968, etc.）。こうしたタイプの研究も、美学というよりは、哲学の研究であると言える。

四つ目のタイプは、P・メンツァーやH・ザンミートに代表される（cf. Menzer 1952, Zammito 1992）、『判断力批判』の成立・生成の歴史に関わる研究である。『判断力批判』は、カントの最後の大著であり、その生成史を理解することは、カント哲学全体を理解するために欠かせない。その意味では、第三のタイプの研究、とくに三批判書の体系に関わる研究と生成史の研究は密接に連関する。近年では、浜野喬士が、「超感性的なもの」や「認識一般」などこれまであまり着目されてこなかった『判断力批判』の概念に注目して、『判断力批判』の新たな生成史を紡ぎ出した（cf. 浜野 2014）。このタイプの研究も、美学ではなく、哲学や思想史の研究に属する。

本書はどうか？

以上の四つのタイプが『判断力批判』の先行研究の大まかな分類である。これらの先行研究に対して、本書は、醜さという美的性質を研究対象とする点で、四つのうち一つ目のタイプに属する。本書は、「醜さの美学」のタイトルが示す通り、『判断力批判』の美学的研究である。『判断力批判』の研究の絶対量が少ないことはすでに述べた通りであるが、第一部「美的判断力の批判」は一般に美を探究する箇所として理解されてきたので、本書のように、醜さを対象とする『判断力批判』の研究の数はより少なくなる。言ってしまえば異端であろう。

さて、一つ目のタイプの研究は、美的性質を考察対象とし、そうした性質が関わる感性的なもの、より正確に言えば、「感情」に注目する。『判断力批判』第一部で取り上げられる感情は、以下の四つである。第一に、感覚に依存する「快適さ／不快適さの感情」である。例えば、ワインを快適（美味しい）と感じるのは、飲んだ人の舌がワインの味を感覚し、気に入ったからである。快適さの感情は、個人の感覚に基づくプライベートなものである。第二に、有用性や道徳性に関わる「善さ／悪さの感情」である。例えば、バラを善い（有用である）と感じるのは、バラが大切な人を喜ばせる目的のために役立つと理性が判断し、気に入ったからである。善さの感情は、理性を持つもの皆に妥当する客観的なものである。第三に、快適さ／不快適さの感情および善さ／悪さの感情から自由な「快／不快の感情」である。後で詳しく見るように、趣味は、この純粋な感情に基づくことで、対象が純粋に美しいか美しくないかを判定する。第四に、「崇高の感情」である。崇高の感情は、否定的な感情とそれを乗り越えた際の快からなる「混合感情」であり、この感情を対象に対して抱く場合、それは崇高と呼ばれる。

例えば、宮崎裕助は、崇高の感情に着目し、それを超える感情としての「パラサブライム」（宮崎 2009, p. 144）という概念を導入することで、崇高のもとで崇高を逸脱する醜さの概念を描き出した。この醜さは、崇高としての醜さを超えたものであり、純粋な醜さの一種として考えられるが、崇高を逸脱する限りで美学の体系をも逸脱することになる。この醜さは、たしかに純粋ではあるものの、美しさに対置される醜さではなく、むしろ反美学的なものでさえある。

これに対して、本書が着目する感情は、先の四種類の感情のうちの「快／不快の感情」である。カントは、醜さを美しさの反対概念として理解し、なおかつ、純粋な美しさが快の感情に基づいて判定されると説明する以上、純粋な醜さは、快の反対である不快の感情に基づいて判定されるはずである。本書は、快の感情の反対に位置づけられる不快の感情に着目することで、純粋な美しさに対置される純粋な醜さを探究する研究であり、あくまでも美学の領域にとどまる。

まとめよう。先行研究と比較した場合、本書の研究の位置づけは次のようになる。本研究は、『判断力批判』第一部「美的判断力の批判」に関する研究、とりわけ、美的性質を主題とする美学の研究に属する。このタイプの研究は、美的性質を扱う以上、その性質に関連する感情を問題にする。その感情には四つの種類があり、そのなかでも本研究が注目するのは、不快の感情である。それらの感情と趣味の働きを分析することによって、純粋な美しさの反対概念としての醜さが判定される判断構造を明らかにすることを目指す。

ただし、『判断力批判』における醜さを主題とする研究は本書以外にも存在する。一九九〇年代後半から主に英語圏を中心として、数は少ないながらも、論争を巻き起すほどまでに発展した研究群が存在する（これらについては第四章で詳しく見る）。本書も、そうした英語圏の研究に連なるものである。ちなみに、ドイツ語圏でも、『判断力批判』における醜さを扱う研究は存在するが（cf. Strub 1989, Lohmar 1998）、数はなく、質が高いわけでもない。現在のドイツ語圏では、たしかにG・ベーメやM・ゼールなどによる美学そのものの発展を確認することができる一方で（cf. Seel 2009, Böhme 2011）、『判断力批判』の美学的研究は盛んであるとは言えない。『判断力批判』研究そのものも下火の状態にある。

第四節　本書はどのような方法を使うのか？

本書の目的を、もう一度確認しておこう。本書の目的は、カント美学を頼りに、純粋な醜さを説明する美学理論を構築し、純粋な醜さがいかなるものであるのかを明らかにすることである。それでは、この目的を達成するために、どのような方法を採用すればいいのか。

カント美学は一般に、醜さではなく美しさを説明する美学理論として受け入れられてきた。これは、先行研究の内容や数を見ても明らかである。しかし、カント自身は、美しさにばかり関心を向けていたわけではない。「はじめに」で見たように、カントは、いくつかの講義のなかで醜さという美的性質にも明確な定義を与えている。醜さとは、美しさの欠如ではなく、美しさの反対であるとともに、美しさと同様に、それ固有の根拠を持つ積極的なものである。この講義内のカントの理解を追っていけば、醜さを説明する美学理論を得ることができるように思われるかもしれないが、残念ながら、講義録には、醜さの定義以上の説明を見出すことはできない。それらの講義録は、醜さが美しさに対置されるものであるとするカントの理解を教えてくれる一方で、醜さがいかなる構造のなかで説明されるのか、何を根拠としているのか、具体的に何を意味するのか、こうしたより詳細な事情については何も教えてくれないのである。それでは、どうすればいいのか。やはり着目すべきは、『判断力批判』である。

醜さが、美しさの反対であり、美しさと同様に自らの根拠を持つ積極的なものであるとするなら、美しさとの類比から、醜さのあり方を考えることができる。美しさの成り立ちを知ることが、美しさに対置される醜さを知ることへの入り口になるはずである。『判断力批判』は、純粋な美しさが成立する構造を、趣味が快の感情を根拠として対象の美しさを判定する構造、つまり趣味判断が成立する構造として説明する。「〔或る対象の〕表象を、〔……〕主観の快／不快の感情と関係づけることで、或るものが美しいか、美しくないかを判別する」（V 203）ことが、趣味の行使であり、趣味判断を下すことである。『判断力批判』におけるこうした説明からは、純粋な醜さについての次のような類推が可能になる。すなわち、何らかの対象を前にして、趣味は、その対象について感じられた快の感情を対象の表象に関係づけることで、「この対象は美しい」という趣味判断を下すのに対して、快の反対である不快の感情を対象の表象に関係づける場合には、「この対象は醜い」という趣味判断が下される。

したがって、本書の目的を達成するためには、『判断力批判』、とくにその第一部「美的判断力の批判」に着目し、純粋な美しさを言明する趣味判断の構造を分析したうえで、その構造との類比から、純粋な醜さを言明する趣味判断の構造を説明するという方法を取るのが最善であろう。

この方法は、本書オリジナルのものではない。すでに述べたように、醜さを問題とする研究は、一九九〇年代後半から英語圏を中心にいくつか登場し、固有の問題圏を形成してきた。本書の方法は、それらの研究が共通に用いている方法を手本にしたものである。しかし、だからこそ、本書も、それらの研究の問題圏に入ることになり、そこで繰り広げられる論争にコミットしなければならない。その論争状況については、第四章において詳しく論じるが、基本的には、不快の感情に基づいて対象の醜さを判定することができると主張する解釈者が、そうした趣味の判定が不可能であるとする解釈者が持ち出す諸問題に応答するという仕方で論争が展開されている。この論争においては、いくつかの問題が応答・解決されないままに残されているので、本書は、残された諸問題を解決に導かなくてはならない。

さて、本論に入る前に、こうした方法を用いるに際して重要になる点を前もって指摘しておきたい。それは、快の感情に対置される不快の感情がいかにして生じるのか、そのあり方の解明である。『判断力批判』のなかで、カントは、快の感情の反対に置かれる不快の感情について何度も言及している一方で、それが生じるあり方については何も論じてはいない。そこで、不快が快の反対であることに着目し、快が生じるあり方から不快が生じるあり方を類推するという方法が考えられたわけである。しかしながら、カントの快の感情の説明は、お世辞にもわかりやすいものではない。それゆえ、そこにも解釈の余地と論争が存在する。こうした事情を受けて、不快が生じるあり方についての解釈は安定せず、醜さの趣味判断を否定する論者が優勢の現状になっている。不快の感情がいかにして生じるのかを明らかにするには、快の感情がいかにして生じるのかを確定する必要もある。

第五節　本書はどのような構成になるのか？

本書は二つの部分から成る。第一部（第一～三章）では美しさの趣味判断を解明し、第二部（第四～六章）では醜さの趣味判断の解明を行う。それぞれの章の概要は以下の通りである。

第一部では、まず、第一章において、「このバラは美しい」という具体的な趣味判断を考察することで、美しさの趣味判断がいかなる判断であるのか、その構造を明らかにする。次に、第二章では、趣味が対象の美しさを判定するための根拠、つまり快の感情がいかなる感情であるのか、いかにして生み出されるのかを解明する。最後に、第三章では、美しさの趣味判断が「誤る」という事態を考察し、美しさの誤りが醜さではないことを確認する。ここまでが第一部である。

第二部では、まず、第四章において、醜さを問題とするカント美学の先行研究とそこでの論争を概観し、触れるべき論点と解決すべき問題を抽出する。これにより、醜さの趣味判断を解明するための準備を整える。次に、第五章では、対象の醜さを判定するために趣味が基づく根拠、つまり不快の感情がいかなる感情であるのか、いかにして生み出されるのかを明らかにする。この章こそが本書の核心をなす。最後に、第六章では、醜さの趣味判断の特徴を確認し、純粋な醜さがいかなるものであるのか、その正体を詳らかにする。

以上の構成をもって、本書は、純粋な醜さを説明する一つの美学理論、つまりは、一つの「醜さの美学」の構築を試みる。

第一部　美しさの趣味判断の解明

第一部では、趣味判断の構造、判断の根拠になる快の感情、そして、その源泉を分析することで、美しさの趣味判断がいかなる判断であるのかを明らかにする。なぜ本書の主題である醜さではなく、美しさの分析から始めるのかと言えば、既述のように、カントが醜さの趣味判断の理論を明示的には展開していないからである。まずは、純粋な美しさを言明する趣味判断の理論をおさえることで、純粋な醜さを言明すると考えられる趣味判断の構造を明らかにする準備としたい。

第一章 美しさの趣味判断とはいかなる判断なのか？

私たちがバラという具体的な対象について下す「このバラは美しい」という趣味判断には、日常的な言葉の使用からすると何の問題もないように思われる。しかしながら、以下に見るように、「このバラは美しい」という趣味判断はカントにとって致命的な問題を引き起こす可能性を宿している。この判断のどこが問題なのだろうか。本章では、「このバラは美しい」を巡る問題を考察することを通じて、趣味判断の構造を確認しよう。

はじめに

カントは、『判断力批判』第一節において、美的判断と認識判断を比較するなかで趣味判断を次のように定義した。

われわれは、或るものの表象を、悟性を通じて、認識のために客観と関係づけるのではなく、（おそらくは、悟性と結びついた）構想力を通じて、主観および主観の快／不快の感情と関係づけることで、或るものが美しいか、美しくないかを判別する。したがって、趣味判断とは、認識判断、それゆえに、論理的判断ではなく、その規定根拠が主観的である以外にはありえないとされる美的な判断なのである。（V 203）

まず、認識判断とは、「客観に関する諸概念を通じて客観の認識を構成する判断」（V 211）である。例えば、「これはバラである」という認識判断は、或るものをバラの概念によって規定することによって下された判断である。論理的な認識判断は、客観に関する諸概念に基づく判断であり、それらの概念を司る能力が「悟性」（V 217, 287 etc.）である。これに対して、趣味判断とは、「これはバラである」のような論理的な認識判断ではなく、快／不快の感情という主観的根拠に基づく美的判断である。それゆえ、趣味判断は、「客観に関する概念を欠いた」（V 217）判断である。この点には、いわば「無概念性」という趣味判断の特徴を確認することができる。

しかし、それにもかかわらず、カントは、「私が眺めているこのバラ」（V 215）を趣味判断の具体的な対象としてあげる。ここではもちろん、「このバラは美しい」という趣味判断が下されることになるが、この判断は、趣味判断の特徴である「無概念性」に矛盾するのではないだろうか。というのも、「このバラは美しい」という趣味判断を下すためには、バラの概念を使用すると同時に「これはバラである」という認識判断を前提しなければならないように思われるからである。これでは、趣味判断は、概念を欠くにもかかわらず概念を必要とするという矛盾を犯すことになってしまう。他にも「幻想曲」（V 229）や「チューリップ」（V 285）などカントがあげる具体的な対象について趣味判断が下される場合にも、この矛盾が生じるように見える。カントは自己矛盾を犯しているのだろうか。

この問題に対しては、「無概念性」を重視することで、趣味判断を下すためにはいかなる概念も使用されてはならず、「このバラは美しい」などの具体的な趣味判断は実のところ正当な趣味判断ではないとする解決策が考えられる。この場合、「これは美しい」という判断だけが正当な趣味判断となる。しかし、そうなると、当然のことながら、R・ウォルハイムが批判する通り、具体的な対象について趣味判断を下すことが不可能になってしまう（cf. Wollheim 1980, p. 194）。具体的な対象に対して趣味判断の応用がまったくできなくなってしまうのである。

一方で、P・ガイヤーやS・ケマルらの解釈は、趣味判断を下す際にも、対象への注意を喚起するためには、あるいは、対象を同定するためには概念の使用がありうることを示唆していたが（cf. Guyer 1979, p. 149, Kemal 1986, p. 167）、その後、C・ジャナウェイが示唆にとどまらない積極的な解釈を展開した。ジャナウェイは、趣味判断の「無概念性」の意味を精査・確定したうえで、その意味に反しない概念の使用、つまりは、対象を同定するための概念使用を指定し、趣味判断における概念使用の正当性を確保したうえで、対象を同定する経験（認識）が趣味判断を規定する快の感情の成立には不可欠であることを説いた。そして、そこから、趣味判断においては概念使用がむしろ不可避的に要求されると主張したのである（cf. Janaway 2003, pp. 67-86）。この解釈を採用すれば、対象同定のための概念使用は、「無概念性」に反しないどころか、趣味判断にとって必要とさえされるので、バラやチューリップといった具体的な対象を問題とする趣味判断にも矛盾が生じることはない。

とはいえ、ジャナウェイの解釈にも問題がある。ジャナウェイは、趣味判断に、より正確には、その規定根拠としての快の感情の成立に概念使用が不可欠になる証拠を、『純粋理性批判』における認識概念に求めた（cf. ibid., p. 81）。しかしながら、『判断力批判』には、それを支持する文脈がないどころか、対象を同定する認識が趣味判断に要求されることを拒否する文脈が存在するのである。

本章では、「このバラは美しい」という趣味判断をめぐる上記の問題を解決することを目指し、趣味判断と認識判断との関係とともに、美しさの趣味判断そのものの構造を明らかにする。問題を解決するにあたり、「無概念性」の意味を確定したうえで、その意味に反しない概念使用を導くというジャナウェイと同様の方法を採用するが、ジャナウェイとは異なり、あくまでも『判断力批判』に内在したかたちでの解決を目指す。

まず、第一節では、趣味判断の「無概念性」の意味を確定する。次に、第二節では、「無概念性」と両立可能な概念使用を導き出す。最後に、第三節では、「このバラは美しい」という趣味判断をめぐる問題を解決するとともに、趣味判断の構造を明らかにする。

第一節　趣味判断と無概念性

趣味判断

すでに見たように、趣味とは、対象の表象に快の感情を接続することで、対象の美しさを判定する美的判断力である。これにより下される、対象の美しさを言明する判断が趣味判断に他ならない。

趣味判断は、一人の主観の感情を根拠とする点で、「このAはBである」という「単称判断」（V 215）

の形式を取る。ただし、ここでの快の感情は、その主観ただ一人にだけ抱かれる個人的なprivat感情ではない。快の感情は、「他のどんな人にあっても前提されうるもののうちで基礎づけられる」（V 211）ものであり、一人の主観だけでなく他のいかなる人にも伝達・共有されうる感情である。このため、趣味判断は、「〔美しさという〕同一の述語を、判断する者の領域全体へと拡大し」（V 215）、自らの判断へと「あらゆる人が一致することを要求する」（V 216）。趣味判断は、主観の感情に基づく単称判断であるにもかかわらず、あらゆる人に対する普遍的な判断でもある。

　私は、私が感じた快の感情に基づいて「これは美しい」と判断する一方で、その感情があらゆる人に伝達されうるということから、私以外のあらゆる他者も私の趣味判断に一致し、賛同することを要求する。カントは、こうした要求を、「主観的普遍性」（V 212）あるいは「主観的普遍妥当性」（V 215）の要求と呼ぶ。この妥当性は、主観によって他の主観に対して要求されるという意味で「主観的」であり、あらゆる人に対してなされるという意味で「普遍的」なのである。

　ところで、カントは、美的判断力としての趣味以外にも、もう一つの趣味を指摘している。それは、或るものが快適か、快適でないかを判定する趣味（「感官趣味」（V 214））である。この判定は、感官、つまり視覚や嗅覚などの感覚器官（五感[4]）を通じて得られた感覚に基づいて行われる。例えば、味覚によってボルドーワインの味を気に入った場合、私は「このボルドーワインは快適である（美味しい）」という判断を下す。これに対して、気に入らなかった場合には、「このボルドーワインは不快適である（まずい）」という判断を下す。ここで注目したいのは、この趣味の判定ないし判断が私個人の感官および感覚に依存するという点である。私の味覚はボルドーワインの強いタンニンを気に入るが、奥田（私の友人）

の味覚には渋すぎるという。また、田代（私の友人）の嗅覚が気に入るブルゴーニュワインの華やかな香りは、私には鼻につく。

このように、味覚、そして五感は人それぞれであり、そこで得られる感覚はどこまでも個人的なものにすぎない。美しさを判定する趣味（美的判断力）ではない趣味（感官趣味）の判断は、個人の感覚に依存する端的に個人的な判断であり、その個人にだけに通用する「個人的妥当性」（V 217）を持つ。そのため、この趣味については、「各人は各人の（感官）趣味を持つ」（V 212）という原則が成り立つ。「蓼食う虫も好き好き」ということである。感官趣味およびその判断の方が、美しさに関わるものよりも、私たちが日常的に使用する、「あの人の趣味、悪くないね」、「部屋の趣味がいいですな」などの「趣味」の意味に近い。だからこそ、注意が必要なのである。感官趣味から、カントが主題とする美的判断力としての趣味は厳密に区別される。

その区別の目印になるのが、「主観的普遍妥当性」およびその要求なのである。美しさの趣味判断は、この要求をする点で、個人にしか妥当しない快適さ／不快適さの趣味判断からは根本的に区別される。

［4］ 五感が一般的であるが、関節の受容器が感じる運動や位置の感覚をも含めて六感とする理解も存在している（cf. 山鳥 2011）。

論理的な認識判断

次に、論理的な認識判断の特徴をもう少し詳しくおさえよう。

> 「バラは総じてüberhaupt美しい」のような、多くの個々の判断の比較を通じて生じる判断は、もはや単に美的判断として言明されるのではなく、美的判断に基づく論理的判断として言明される。（V 215 強調引用者）

> 悟性は、適意〔5〕〔＝快の感情〕について、客観を他の人々の判断と比較することで、普遍的判断を下すことができる。例えば、「すべてのチューリップは美しい」などの判断がそれである。ただし、その判断は、趣味判断ではなく、論理的判断である。（V 285 強調引用者）

ここでの「比較」とは、「比較を通じて個々の表象が〔悟性〕概念へと変容される場合、趣味判断からは論理的な普遍的判断が生じる」（V 215）と言われる点で概念形成を目的としたものであり、それが「他の人々の判断」との比較である点で経験的な次元におけるものである。それゆえ、論理的な認識判断とは、経験的比較を通じて得られた悟性概念に基づく普遍的判断に他ならない。例えば、「すべてのバラは美しい」という判断は、「美しいバラ」についての諸判断を比較することで得られた「美しいバラ」の概念に基づく判断である。それゆえ、この判断の「美しさ」は、趣味によって判定されたものではなく、概念に基づく「対象の〔論理的〕性質」（V 211）になる。

ところで、経験的比較によって形成された概念およびそれに基づく判断の普遍性は、『純粋理性批判』に照らせば、「経験的な普遍性」（B4）、つまり一般性でしかなく、ア・プリオリな認識が持つ「真のないし完全な普遍性」（B3）からは区別される（cf. 檜垣 2006, p. 81）。しかし、『判断力批判』が問題にするのはあくまでも前者の普遍性である。例えば、特定の花について下された「これはバラである」という判断が比較されることで、バラの概念が形成される。このバラの概念は、たしかに経験的なものであるが、そこで比較された判断が対象とした客観すべてに妥当する。それゆえ、経験的比較から得られた概念に基づく判断は、「与えられた概念のもとに含まれるすべてのもの alles に対して妥当する」（V 215）判断であり、その意味においては「客観的に普遍妥当的」（ibid.）な判断なのである。例えば、「すべてのバラは美しい」という判断は、「美しいバラ」という客観すべてに妥当し、「これはバラである」という判断は、バラという客観すべてに妥当する。

論理的な認識判断は、悟性概念に基づくゆえに、「客観的普遍妥当性」（cf. ibid.）を有する。ただし、この普遍性ないし妥当性は、概念を形成するために比較された諸判断が対象としたすべての客観を対象にするものであり、無制限にすべての客観を対象にするものではない。

趣味判断との比較で言えば、趣味判断が普遍妥当性の「要求 Anspruch」（V 214）を行うのに対して、

［5］「適意」は Wohlgefallen の訳語である。Wohlgefallen は、「十分に気に入る／満足する」という意味である。本研究では、通例に習って、「十分に意に適う」という意味での「適意」という訳語を採用する。カントが使用する Wohlgefallen は、満足する／気に入る／意に適うという感情であり、基本的には、快 Lust の感情と交換可能である。

論理的な認識判断は、そうした「要求」を行わない。趣味判断の普遍妥当性は、あらゆる他者に伝達しうる感情に基づくが、感情が現実に伝達されるかどうかはわからないので、実際に下された判断は、その妥当性を「あえて求めるansinnen」(ibid.) 必要がある。これに対して、認識判断の普遍妥当性は、それに関わるすべての客観に妥当する概念に基づく以上、実際に下された判断も、概念が妥当する客観に必然的に妥当する。それゆえ、「あえて要求する」必要などない。この事態は、認識判断の論理的必然性と換言することもできる。異なる主観が認識判断を下す場合でも、客観に関する同一の概念に基づくなら、それらの判断は必然的に一致する。こうした必然性が趣味判断にはないということである。

美しさは論理的性質ではない

さて、カントは、趣味判断と論理的な認識判断との関係性について次のように論じている。

美しさは、あたかも対象の性質であるかのようであり、〔美しさの趣味〕判断は、あたかも論理的(客観に関する諸概念を通じて客観の認識を構成する)判断であるかのようである。これは、その判断が単に美的〔……〕であってもそうである。というのも、趣味判断は、美しさに関して、その妥当性があらゆる人に前提されるという点で、やはり論理的判断と類似性を持つからである。(V 211)

趣味判断と論理的な認識判断とは、普遍妥当性を有するという点において似ている。それは、趣味判断が言明する「美しさ」が、あたかも認識判断における「対象の性質」、つまり論理的性質であるかのように見えるほどである。とはいえ、カントは、二種類の判断の「類似性」を指摘しつつも、次のような断りをいれる。

> 客観が〔その美しさに関して〕単に諸概念に従って判定される場合、美しさのあらゆる表象は失われてしまう。〔……〕洋服、家、花が美しいか、そうでないかに関して、或る者の判断が〔客観に関する〕諸根拠や諸原則によって説得されるということはありえない。（V 215-216）

対象の美しさを悟性概念に基づいて判定する場合、その判断において言明されるのは、「対象の性質」、つまり論理的性質としての美しさであり、そこに趣味が判定する美しさが生じる余地はない。ここで下された判断は、趣味判断ではなく、論理的な認識判断であり、普遍妥当性を要求することもない。この判断は、客観的に普遍妥当的であり、妥当性を要求する必要などないからである。

　美しさと論理的性質は、たしかに似ているが、それらを混同してはならない。この混同を防ぐには、美しさを判定するための根拠から悟性概念を排除する必要がある。そのために必要となる特徴が「無概念性」に他ならない。すなわち、美しさを判定するための根拠は客観に関する悟性概念であってはならず、その意味で、趣味判断は概念を欠いていなければならないのである。これにより、趣味判断は論理的な認識判断から独立し、趣味判断が言明する美しさも論理的性質から独立することができる。

美しさは善さではない

既述のように、趣味が美しさを判定するための根拠、つまり趣味判断の規定根拠は、快の感情である。この感情は、「他のどんな人にあっても前提されうるもののうちで基礎づけられる」(V 211) 点で、個人にとどまるものではなく、あらゆる人に伝達・共有されうる普遍的な感情である。

ところで、カントにおいて普遍的な感情の候補として第一に考えられるのは、善さに関する快の感情である。

> 善さとは、理性を介して、単なる概念を通じて気に入るところのものである。われわれは、手段としてのみ気に入るものを、何かのために善いもの（有用なもの）と名づけるが、その一方で、おのずから気に入るものを、それ自体で善いものと名づける。(V 207)

ここでの概念とは、以上で問題になってきた悟性の概念ではなく、理性の概念、つまり「目的の概念」(ibid.) である。目的の概念は、目的という観点から「そのものDingが何であるべきか」(V 230) を、言い換えれば、対象が何のためにあるべきかを規定する概念である。また、ここでの理性は、論理的推論を行う能力としての理論理性ではなく、行為を導く欲求能力としての実践理性であり、「意志Wille」と呼んでもよい。例えば、誰かにバラを贈る場合を考えてみよう。まず、人を喜ばせるという目的が理性によって設定され、バラは、その目的の概念を通じて「人を喜ばせるため」の道具として規定される。

これにより、バラは「何かのために善いもの」になるが、この善さのゆえにバラは気に入られ、快が感じ取られる。これに対して、人を「人格」として捉える場合には、別種の善さが成立することになる。人格は、自分以外の他の目的のために役立つもの、つまり道具として使用されてはならず、それ自体目的として規定される。これにより、人格は、「それ自体で善いもの」となり、ここにも快が感じ取られる。要するに、目的の概念に基づく善さには二つの種類があり、それぞれについて快が感じ取られるのである。

二つの善さと快の感情は、本来（とくに道徳哲学においては）区別されなければならないが、ここでのカントは、その区別には執着せず、両者を共通の特徴から理解する。すなわち、二つの善さと快の感情はどちらも、目的の概念に規定された客観について、その概念を用いる「理性的存在一般に妥当する」（V 210）。例えば、バラを「人を喜ばせる」という目的の概念によって規定する者はみな、バラについて同じ善さ（有用性）を判断し、同じ快の感情を感じる。目的の概念に基づく善さと快の感情は、その概念によって規定される客観について、その概念を使用するすべての人に妥当するという点で客観的な普遍性を持つのである。

それでは、こうした善さに関する快の感情が美しさを判定するための根拠であるのかと言えば、やはりそうではない。たしかに、善さに関する快の感情は、普遍性を持つ点で、趣味が判定に用いる快の感情の特徴と一致するが、善さに関する快を根拠として判定を行う場合には、次の問題が生じてしまう。そこでは対象ないし客観の美しさではなく善さが判定され、「このバラは人を喜ばせるために役立つ」、「人格を尊重するのは道徳的に善い」などの、対象の善さを言明する（技巧的ないし道徳的に）実践的な［6］

認識判断が成立することになってしまう。つまり、趣味判断が成立しないのである。もちろん、趣味判断の特徴であった普遍妥当性の要求がなされることもない。善さに関する快の感情は、客観的に普遍的な感情だからである。

そこで、美しさを判定するための根拠から、善さに関する快の感情を排除しなければならない。ここにおいても、「無概念性」という特徴が必要になる。すなわち、美しさを判定するための快の感情は、目的の概念に基づくものであってはならず、その意味で、趣味判断は概念を欠いていなければならないのである。これにより、趣味判断は、実践的な認識判断から独立し、趣味判断が言明する美しさも、善さから独立することができる。

無概念性

以上をまとめよう。カントは、趣味判断の「無概念性」という特徴に二つの意味を込めている。一つ目は、美しさを判定するための根拠から悟性概念を排除し、趣味判断を論理的な認識判断から、そして美しさを論理的性質から独立させるという意味である。二つ目は、美しさの判定の根拠、つまり快の感情に対する目的の概念の関与を排除し、趣味判断を実践的な認識判断から、そして美しさを善さから独立させるという意味である[7]。したがって、「無概念性」は、趣味判断が趣味判断であるために、美しさが美しさであるために欠かせない特徴なのである。

第二節　無概念性と両立可能な概念の使い方とは？

純粋な趣味判断と応用された趣味判断

「無概念性」と両立可能な概念使用について考察する前に、趣味判断の種類について確認しておこう。対象の美しさを判定する趣味（美的判断力）とその判断（例えば「このバラは美しい」）が、対象の快適さを判定する趣味（感官趣味）とその判断（例えば「このワインは美味しい」）から区別されることは前節ですでに見た通りである。そして、美しさの趣味判断はさらに、「純粋な rein 趣味判断」（V 231）と「応用された angewandt 趣味判断」（ibid.）とに区別される。

まずは、「応用された趣味判断」から見ていこう。この判断が言明する美しさは、「付着する美しさ anhängende Schönheit」（V 229）と言われる。「付着した美しさ」は、その名の通り、何かにくっつくことで成立する美しさである。では、何にくっつくのであろうか。カントは、「この美しさは、或る特殊な目的の概念のもとにある諸客体に帰せられる」（ibid.）と説明する。つまり、「付着する美しさ」がくっつ

［6］『判断力批判』における「実践的」は、「技巧的・実践的」（V 172）と「道徳的・実践的」（ibid.）とに区別される。両者は、理性的存在者の行為とその善さに関係するという点では一致するものの、前者は「自然概念」（ibid.）に、後者は「自由概念」（ibid.）に基づき、それが属する哲学の部門は、「理論哲学」と「実践哲学」とに区別される。

［7］「趣味判断は認識判断（理論的でも、実践的でもない）ではない」（V 209）という文言も、この理解を支持する。

くのは目的の概念に規定された客体（対象）であり、それゆえに、「付着する美しさ」は、結局のところ目的の概念に依存する。

例えば、教会を美しいと判定する場合を考えてみよう。教会は、目的の概念によって「お祈りのためにあるべき場所」として規定された客体である。私たちは、その道具としての善さ（有用性）を気に入り、そこで感じた快の感情に基づいて「この教会は美しい」という判断を下すことがある。本来は「この教会は有用だ」と言うべきところを、「この教会は美しい」と言ってしまうのである。この判断の正体は、趣味判断ではなく、対象の善さ（有用性）を言明する実践的な認識判断である。「応用された趣味判断」は、「趣味判断」と言われるにもかかわらず、実際には趣味判断ではないというわけである。そのため、この判断が言明する「付着する美しさ」も、純粋な美しさではなく、目的の概念に依存する善さの一種にすぎない。善いものを「美しい」と判定してしまい、「善さ」と「美しさ」とを混同してしまうことは、哲学の歴史においても、あるいは、日常においても、よく起きることである。「応用された趣味判断」は、そうした混同が起きる舞台であると言える。

それゆえ、「応用された趣味判断」は目的の概念を必ず必要とする。ここで「このバラは美しい」という判断を考えてみると、この判断は、「応用された趣味判断」としては矛盾なく成立する。というのも、この判断では、対象が何のためにあるべきかを規定するために目的の概念が使用される以上、「これは人を喜ばせるためのバラである」という認識判断が前提されることには何らの矛盾もないからである。しかし、すでに見たように、「応用された趣味判断」において、美しさ（＝「付着する美しさ」）は、目的の概念および善さによって条件づけられたものであり、善さの一種でしかない。「応用された趣味判断」は、その実態が認識判断であるからこそ、矛盾なくバラという具体的な対象を問題とする判断として成立できるというわけである。したがって、趣味判断としての「このバラは美しい」に矛盾がないこと示すためには、「純粋な趣味判断」における概念使用を考える必要がある。

純粋な趣味判断と概念使用

そこで、次に、「純粋な趣味判断」（V 231）を見ていきたい。「純粋な趣味判断」は、その名が示すように、善さに依存する美しさではなく、善さから独立した純粋な美しさ（「自由な美しさ」（V 230））を言明する。そのため、この判断では、対象の美しさを判定するに際して、目的の概念の使用があってはならない。「純粋な趣味判断」は概念を欠いていなければならず、前節で確定した意味での「無概念性」を特徴とする（以下で「趣味判断」という語を用いる場合は、基本的に「純粋な趣味判断」を指す）。

さて、ここで、ケマルが示唆し、ジャナウェイが主張した（cf. Kemal 1986, p. 167, Janaway 2003, p. 81）概念使用、すなわち、「これはバラである」のように、対象を同定するための悟性概念の使用をもう一度考えてみよう。すると、この使用が「無概念性」に抵触しないことがわかる。というのも、何らかの対象を同定し、「これはバラである」のような認識を成立させることは、悟性概念に基づいてバラに論理的性質としての美しさを与えることでも、目的の概念に基づいてバラに善さ（有用性）としての美しさを与えることでもないからである。対象同定のための概念使用は美しさの判定には影響しないのである。したがって、対象を同定する認識判断とそのための概念使用は、趣味判断の「無概念性」には抵触せず、趣味判断は、「これはバラである」という対象同定の論理的な認識判断を矛盾なく含むことができる。

ところで、対象同定のための悟性概念の使用が許されるのであれば、同じように対象を同定するための目的の概念の使用も許されるのではないだろうか。趣味判断は、「これは人を喜ばせるためのバラである」という実践的な認識判断を含んでもよいのではないだろうか。しかし、こちらは認められない。何らかの対象を目的の概念に基づいて「これはXのためにあるべきAである」と同定する場合には、対象の善さを気に入ることから快の感情が生じてしまい、その快は、趣味による判定に影響を及ぼしてしまうからである。目的の概念の使用は、別種の快を引き起こしてしまう限り、趣味判断からは排除されていなくてはならないのである。

しかしながら、「このバラは美しい」という趣味判断が、対象を同定する悟性概念の使用を前提し、「これはバラである」という論理的な認識判断を含むという解釈には、「趣味判断とは、認識判断、それゆえに、論理的判断ではない」（V 203）という規定に反しているとの反論が寄せられるかもしれない。しかし、これは見かけ上の問題にすぎない。趣味判断が論理的な認識判断ではないという事態が意味するのは、既述の通り、その判断によって言明される美しさが悟性概念による論理的性質ではないということである。したがって、「認識判断、それゆえに、論理的判断ではない」という規定は、対象に論理的性質としての美しさが付与されるという事態を排除するものであり、美しさの判定に影響しない論理的な認識判断を趣味判断が含むという事態を排除しはしない。趣味判断は、論理的性質として美しさを言明する判断ではないが、例えば「このバラは」という仕方で、悟性概念の使用に基づく対象同定の認識を含むことは問題なくできるのである。

第三節　趣味判断はどのような構造を持つのか？

記述的部分と評価的部分

前節では、対象を同定するための悟性概念の使用は、趣味判断の「無概念性」という特徴に抵触しないことを確認した。それゆえ、具体的な対象について下される、「このバラは美しい」という趣味判断は、対象を同定する「これはバラである」という認識判断を、自らの構成要素として含むことができる。ところで、趣味判断そのものは、「或るものetwasは美しい」（V 214）という形でも成立するとされるので、「このバラは美しい」という趣味判断は、悟性概念に基づいて対象を同定する論理的な認識判断（「これはバラである」）と、快の感情に基づいて対象の美しさを判定する美的判断（「或るものは美しい」）から構成されることになる。以下では、前者の判断を、対象同定に関わる「記述的descriptive部分」、後者の判断を、美しさの判定に関わる「評価的evaluative［8］部分」と呼ぶ。本節では、これら二つの部分の関係に着目することで、「このバラは美しい」をめぐるカントの自己矛盾の問題に決着をつけるとともに、趣味

［8］「評価的」という語は、もっぱら「善さdas Gute」の価値評価についてのみ使用されるような印象がある。しかし、近年の価値理論の研究によると、カントは、善さという道徳的価値だけでなく、真理という認識論的価値や美しさという美的価値についても固有の価値概念を持っていたと考えられている。それゆえ、美しさの判定を一種の価値評価として理解し、それに「評価的」という形容を与えることは不適切ではない（cf. Schönrich 2013, pp. 321-345）。

判断の構造を明らかにする。

ジャナウェイの解釈

ジャナウェイも、本章第一節と同じように、趣味判断の「無概念性」の意味を確定したうえで（cf. Janaway 2003, pp. 71-75）、それに抵触しない概念使用を指摘した。

> S〔＝主観〕は、〔趣味判断を下す際、〕おそらくは変化する複雑な状況においてO〔＝対象〕を知覚する。そこで、Oは、まずもって対象として同定されなければならず（さらに、対象は他の主観にとっても利用可能でなくてはならず）、その後で、認識諸能力の自由な戯れが起きるための十分な安定性と、〔そこで〕感じられうる特殊な快のために存在しなくてはならない。この特徴は、SがOの経験において概念を使用することを要求する。〔……〕「Oに関するSの認識」という要素が不在であることは要求されはしない。（ibid., p. 81 強調引用者）

ここでの概念使用も対象同定のための使用であるが、注目すべきは、その使用が快の感情の成立に先立つものとして要求されるという理解である。この解釈によると、快の感情には、対象を同定するための概念使用とそれによる論理的な認識判断が必ず前提されることになる。つまり、「Oは美しい」という評価的部分は、Oを同定する「OはPである」という記述的部分を前提しなければならない。「このバラは美しい」という趣味判断を下す場合を考えてみると、まずは、或る対象をバラとして同定し、「これはバラである」という論理的な認識判断を成立させる必要があり、それによってはじめて、まさにそのバラに関して感じた快に基づいて趣味判断を下すことができる。したがって、ジャナウェイの解釈に従えば、具体的な対象についての趣味判断は、評価的部分が記述的部分を必ず伴った形で成立するのである。よって、趣味判断の両部分の関係は必然的なものとなる。

カントの趣味判断は、その「無概念性」のために、「認識に関しては空虚な」(ibid., p. 68) 判断であり、具体的な対象については何も言えない、単に形式的な言明であると批判される傾向にあった。これに対して、ジャナウェイは、「無概念性」に抵触しない概念使用があることを示し、対象同定の認識を趣味判断がむしろ必要とすることを説いた。これにより、趣味判断は、具体的な対象についても応用可能となり、認識に関して空虚ではないことが明らかにされたわけである。そして、当然、ジャナウェイの解釈は、具体的な対象について下される趣味判断と「無概念性」とを巡って、カントに自己矛盾がない理由を明確に説明してくれる。すなわち、美しさを判定するための快の感情の生成には、対象同定のための概念使用が必ず前提されるので、趣味判断が、それによる記述的部分を含んでも、「無概念性」に関する矛盾は生じないのである。

さて、ジャナウェイは、趣味判断が悟性概念の使用を必要とする根拠について、次のように説明する。

〔趣味判断を下す際に、まずもってOが対象として同定されるという〕この特徴は、SがOの経験において概念を使用することを要求する。事実、カント自身によると、OがまさにSの経験になりうる場合、

Oは、Sにとっての諸概念のもとになければならない。概念なき直観は盲目なのである。(ibid., p. 81)

ジャナウェイは、対象を同定する認識を、快の感情の成立に先立つものとしたうえで、一つの「経験」として理解し、経験が成立するためには概念使用が必要であると説く。そして、その最終的な根拠を、概念を欠くと経験が盲目的な直観になってしまうという点に求めている。ところで、ジャナウェイの「概念なき直観は盲目なのである」は、明らかに「概念なき直観は盲目である」(A 51/B 75) というテーゼに従ったものである。この有名なテーゼは、『純粋理性批判』に登場するものであり、認識概念の成立に関わる基本事項[9]でもある。つまり、ジャナウェイは、悟性概念の使用が趣味判断に必要になる根拠を、『判断力批判』ではなく『純粋理性批判』のうちに求めたわけである。

ジャナウェイの論証は、たしかに、カント哲学、とくに認識論の理論枠組みに合致するものであり、その限りでは問題がないようにも見える。しかし、実のところ『判断力批判』には、趣味判断が悟性概念の使用を必要とし、記述的部分を必ず前提するとするジャナウェイの解釈を否定する文脈が存在する。

記述的部分と評価的部分の関係

ジャナウェイの解釈を否定する『判断力批判』の文脈を確認しながら、趣味判断の記述的部分と評価的部分の関係を改めて考察していこう。まず見ておきたいのは、趣味判断を規定する根拠、つまり快の感情に関してカントがあげる次の特徴である。

快は、趣味判断において経験的表象に依存している。（V 191）

趣味判断は、適意〔＝快の感情〕という述語を、概念にではなく、与えられた個々の経験的表象に結びつける。（V 289）

適意、つまり快の感情は、個別的・経験的な所与である「経験的表象」に依存する。この表象が、与えられて個別的・経験的になるのか、個別的・経験的に与えられるのかについては議論の余地があるものの、注目すべきは、カントが「経験的表象」として、例えば「与えられた個々のチューリップ」（V 285）をあげている点である。何らかの対象をチューリップとして言明するには、対象を同定するための悟性概念の使用と、それによる「これはチューリップである」という認識判断が必要になるので、「経験的表象」は、そうした認識判断、つまり記述的部分をもってはじめて成立する。とすると、「経験的表象」に依存する快の感情も当然ながら記述的部分を前提しなければならず、快の感情に基づいて美しさを判定する評価的部分も、記述的部分を必然的に前提しなければならなくなる。こうした理解は、一見するとジャナウェイの解釈をむしろ支持するようにも見えるが、諸表象と趣味判断の関係に関する次の言明は、この理解が精確でないことを気づかせてくれる。

［9］『純粋理性批判』「超越論的論理学」序論によると、「認識 Erkenntnis」（A 50/B 74）は、直観と悟性概念とを基本要素として成立するので、どちらか一方を欠くということはできない。

> 判断のうちで与えられた諸表象は、経験的（したがって、美的）でありうるが、その諸表象を通じて下された判断は、それらが判断において客観に関係づけられる場合に限り、論理的である。しかし、それとは逆に、与えられた諸表象がまったく合理的 rational であるような場合であったとしても、それらが判断のうちで主観（主観の感情）にのみ関係づけられるならば、その限りで、それらの諸表象はつねに美的なのである。（V 204 強調引用者）

引用においてまず注目すべきは、趣味判断を規定する快の感情が結びつけられる対象の表象が、「経験的表象」であるだけでなく、「合理的表象」でもありうるという点である。「合理的表象」は、『判断力批判』ではこの箇所以外に登場しないものの、少なくともこの引用からは「経験的表象」の反対概念であることがわかる。「合理的表象」とは、経験的には与えられない表象であり、非経験的な仕方、すなわち、ア・プリオリな概念に基づく仕方で与えられる表象を意味すると推察できる。ア・プリオリな概念には、悟性の「純粋悟性概念、すなわちカテゴリー」（A 76/B 102）とともに、理性の概念である「理念」（A 320/B 377）も含められるので、「合理的表象」は、悟性概念以外の概念、つまり理念の使用をも前提することになり、だからこそ、悟性概念に基づく記述的部分（論理的な認識判断）とは必ずしも重ならない。この点を考慮すれば、快の感情は記述的部分を必ずしも必要とはしないことがわかる。なぜなら、快の感情は、理念に基づく場合がある「合理的表象」とも結びつきうるからである。したがって、快に基づいて美しさを判定する評価的部分も記述的部分を必ずしも前提しなくてもよい。

また、先の引用のなかに、次の条件があることも注目に値する。その条件とは、諸表象が「経験的」、「合理的」という規定とは無関係に「美的」となる条件、すなわち、「判断のうちで主観（主観の感情）にのみ関係づけられる」という事態である。この条件のもとでは、諸表象は「経験的」、「合理的」のいずれであってもよく、快の感情は、諸表象の規定に対して中立あるいは無関係になる。したがって、快の感情は、「経験的表象」とそこにおける概念使用、および、「合理的表象」とそこにおける概念使用、いずれとも必然的には関係しない。このこととともに、カントが趣味判断を多くの箇所で「或るもの etwas は美しいと説明する判断」（V 213, 214, 224, 239 強調引用者）と言い換え、未規定の対象を趣味判断の対象にしている点を考慮するなら、趣味判断の本質は「或るものは美しい」という評価的部分にあることになる。だからこそ、カントは趣味判断を「判定／価値評価 Beurteilung」（V 218）と呼んでいるのである。

以上から、評価的部分が記述的部分を必ず伴うとするジャナウェイの解釈は強すぎるということがわかる。「必ず伴う」ということになれば、「合理的表象」に快の感情が結びつく余地がなくなってしまう。この意味で、ジャナウェイの解釈は棄却されなければならない。趣味判断は、「或るものは美しい」という評価的部分を本質とする判断であり、「或るもの」が何であるのかについては、つまり対象の表象がいかなるものであるのかについては、中立であり、特別な関係を必要とはしないのである。ただし、この帰結は、評価的部分と記述的部分の関係を全面的に否定するものではない。評価的部分の「或るもの」には、「経験的表象」が入ることも「合理的表象」が入ることも可能であり、評価的部分が記述的部分を伴うことそれ自体には問題がないからである。趣味判断における評価的部分が記述的部分を伴うことはまったく可能である。よって、評価的部分と記述的部分の関係は、必然的ではなく、可能的なものとなる。

いまや、「このバラは美しい」という趣味判断をめぐるカントの自己矛盾の問題に対してより明確、より正確に応答することができる。「このバラは美しい」は、趣味判断の具体例であるにもかかわらず、「これはバラである」という悟性概念に基づく論理的な認識判断を構成要素とするゆえに、「無概念性」というカント自身による特徴づけに抵触し、だからこそ、カントが自己矛盾を犯しているのではないかという疑いをまねいた。しかし、「これはバラである」という認識判断、つまり記述的部分が、趣味判断の「無概念性」に抵触することはない。なぜなら、記述的部分の対象同定のための悟性概念の使用は、カントが「無概念性」によって確保しようとした趣味判断の本質である美しさの判定、つまり評価的部分にはまったく影響を及ぼさないからである。したがって、或る対象をバラとして同定し、その表象に快の感情を結びつけることで、「このバラは美しい」という趣味判断を下すことは十分に可能であり、カントにも自己矛盾はないと結論づけることができる。ただし、注意しなければならないのは、趣味判断の評価的部分が記述的部分を必ずしも前提するものではないという点である。趣味判断において、前者の部分が後者の部分を伴うことは可能である一方で、必ず伴わねばならないというわけではないのである。

おわりに

本章は、バラという具体的な対象について下される「このバラは美しい」という趣味判断と、それをめぐるカントの自己矛盾の問題を検討することを通じて、趣味判断がいかなる判断であるのか、その構造を明らかにした。

趣味判断の本質は、或る対象について主観が感じた快の感情に基づいて、すなわち、対象の表象に快の感情を述語づけることで、「或るものは美しい」と判定する評価的部分にある。これが趣味判断の最も基本的な形式である。「ああ美しい」や「(これは)綺麗だなあ」といった判断は、「或るものは美しい」という趣味判断のヴァリエーションだと考えられる。ただし、趣味判断は、「或るもの」を悟性概念に基づいて同定する認識判断(記述的部分)を含むこともできる。そのため、具体的な対象について趣味判断を下すことはまったく可能であり、その趣味判断は、「或るものは美しい」という評価的部分と「これはPである」という記述的部分とによって構成され、「このPは美しい」という形を取ることになる。

最後に、趣味判断と「合理的表象」との関係について一言述べて、本章を締めくくりたい。「或るものは美しい」の「或るもの」には、バラのような「経験的表象」だけでなく、「合理的表象」が入ることもできる。ところで、カントに従えば、私たちは、ア・プリオリな概念、すなわち、純粋悟性概念(カテゴリー)、あるいは、理性の概念(理念)だけによっては、いかなる認識も持つことができない。というのも、認識の成立には感性的直観が必要であり、直観を得るためには経験との関わりが不可欠だからである。非経験的という意味でのア・プリオリな概念だけをどんなに使用したとしても、認識を得ることはできない。「神」という理念を持つことはできても、それに対応する感性的直観が与えられない限り（与えられることになれば、神はこの世界を超越したものではいられなくなり、神の概念そのものに矛盾する）、その認識を持つことはできない。そのため、「或るもの」が、それらの概念に基づく「合理的表象」として認識されることもありえない。それゆえ、「合理的表象」に快の感情を結びつけることは可能であり、「神は美しい」のように「合理的表象」について趣味判断を下すことができる一方で、そうした判断には必ず認識の誤謬が含まれることになる。「神は美しい」という判断は、美的には正当な判断かもしれないが、認識論的には必ず不当な判断になると言えよう。

第二章

快の感情とはいかなる感情なのか？

第一章では、「このバラは美しい」という具体的な趣味判断とその判断をめぐる問題を考察し、趣味判断の基本的な形（「或るものは美しい」）、および、具体的な対象に対して運用される趣味判断の形（「このPは美しい」：Pにはバラ、チューリップなど具体的な対象が入る）を確認した。

たしかに、これで趣味判断の構造は明らかとなったが、私たちの趣味がそれに基づいて対象を美しいと判定するところの趣味判断の根拠、すなわち、「快の感情」については、まだまだ不明な点が多く、より詳細な解明が必要である。そこで、本章では、快の感情を主題にし、それがいかなる感情であり、どこから、いかにして生み出されるのかを明らかにする。

はじめに

これまで見てきた通り、趣味とは、対象の表象に、主観の快の感情を接続することで、対象の美しさを判定する美的判断力であり、それによって下される判断が、美しさの趣味判断である。つまり、美しさの趣味判断の根拠とは、快の感情に他ならない。カントは、そうした美しさを判定するための「快の感情」を、「関心を欠いた」（V 204）感情として特徴づけた。「関心」とは、後でより正確に説明するが、主観の目的および意図と結びついた感情を指す。例えば、小説家が読者を喜ばせることを目的として、あるいは、意図して小説を執筆する場合、その小説家が抱いている関心は、読者を喜ばせることに結びついている。こうした関心（だからこそ、目的や意図も）を欠いた感情こそが、美しさの趣味判断の根拠となる。

それでは、無関心な快の感情は、いかにして生み出されるのだろうか。当然、快の源泉についても、目的、意図、そして関心とは無関係のものが見出されなければならない。カントは、無関心な快の感情を分析することで、快を感じている主観の「心的状態 Gemütszustand」（V 217）を、「構想力 Einbildungskraft と悟性 Verstand との自由な戯れ」（V 218）という状態として解明した。悟性が概念の能力であるのに対して、構想力とは、イメージ（像）Bild を創る能力であり、感官（五感）を通じて与えられた多様な直観をイメージとしてまとめる「直観、あるいは、描出 Darstellung の能力」（V 287）である。構想力は、そのイメージを描出するという本性から「想像力」と訳されることもあり、英語ではよりその点が強調され、基本的に imagination と訳されている。悟性も構想力も、私たちが何かの表象を持ったり、何かを認識したりするために必要な能力なので、「表象能力」（V217）や「認識能力」（ibid.）と呼ばれる。要するに、私たちは、何らかの対象と出会った際に、心的状態が、構想力と悟性という認識能力の「自由な戯れ」と呼ばれる状態になれば、その状態からの結果として無関心な快の感情を感じ、その対象を美しいと判定するのである。

ところが、カントは、「自由な戯れ」がいかなるものであり、そこからいかにして無関心な快の感情が生み出されるのかについては、明確な説明を与えなかった。ただし、幸いなことに、快一般がいかにして生じるのかについては、二つの明確な規定が与えられているので、私たちは、それらの規定を頼りに、無関心な快が「自由な戯れ」から生じるあり方を理解することができる。

第一の規定は、「どんな意図の達成にも快の感情が結びついている」（V 187）という、快の感情は意図の遂行に由来するという規定である。第二の規定は、「主観を〔何らの妨げもなく〕いまのままの状態に維持する、主観の状態に関わる表象の原因性の意識が〔……〕快と呼ばれるものを示す」（V 220）という、快の感情が主観の状態を維持する原因性に由来するという規定である。以下では、第一の規定を（α）、第二の規定を（β）と呼ぶ。これらの規定は、直感的にも了解可能だと思われる。意図の遂行から快が生じることは言うまでもないが、邪魔が入らない安定した（安らぎの）状態に快を感じることも想像にかたくない。

さて、これら二つの規定のうち、ガイヤーは（α）、ギンスボルクは（β）に従って、無関心な快の感情が「自由な戯れ」から生み出されるあり方を説明した。ガイヤーは、「自由な戯れ」を、客観的認識の成立を意図して、認識を成立させるために悟性と構想力とが総合作用を行う心的状態として解釈したうえで、（α）を参照し、戯れが「認識に関する一般的意図」（Guyer 1979, p. 85）を遂行するゆえに、快の感情を生じさせると説明した。このガイヤーの解釈に対して、ギンスボルクは、次の問題を指摘した。すなわち、ガイヤーの解釈における「認識的意図の遂行を含むものである〔認識〕諸能力の調和〔＝「自由な戯れ」〕というコンセプト」（Ginsborg 2015, p. 36）は、「諸能力の調和的戯れが『規定されずに unbestimmt 合目的的』（V 242）であり、意図および目的を持たないとするカントの明確な主張とは噛み合わず」（*ibid.*, p. 36）、「趣味の快ではなく、例えば、科学的原理の発見などの認識の獲得について感じられる快」（*ibid.*, p. 36）を生じさせてしまうという問題である。この問題以外にも、ガイヤーの解釈には、（β）を無視しているという問題も指摘できる。

そこで、ギンスボルクは、「自由な戯れ」を、自らを根拠づける「自己参照的self-referential活動」（*ibid.*, p. 41）を営む心的状態として解釈したうえで、（β）を参照し、「自由な戯れ」が自己根拠づけによる自己維持の原因性を持つゆえに、意図とは関わらない無関心な快の感情を生じさせると説明した。

しかしながら、ギンスボルクの解釈にも問題はある。まず、ギンスボルクの解釈は、（α）を無視している。次に、こちらの方がより深刻であるが、ギンスボルクの解釈は、心的状態が「自由な戯れ」という状態であるために従う原因性、つまり「［心的状態を］それ以上のweiter意図なしに維持する原因性」（V 222）、さらに言い換えれば、「合目的性」（ibid.）を説明することができない。「自由な戯れ」には、原因性について、少なくとも一つの意図が必要であるにもかかわらず、ギンスボルクの解釈は、意図そのものを「自由な戯れ」から排除してしまっている。この原因性（合目的性）を理解するためには、そこに「意図」に関連する特徴と、「状態維持」に関わる特徴とが含まれている以上、（α）と（β）をともに踏まえた解釈を展開する必要がある。

こうした事情を受けて、本章では、無関心な快の感情が「自由な戯れ」から生み出されるあり方を、（α）と（β）の両者を踏まえた形で説明することを試みる。そのために、これまでの解釈とは異なるアプローチを採用する。すなわち、「自由な戯れ」を、「認識一般」（V 217 強調引用者）の成立を意図する構想力と悟性による心的状態、それゆえに、自己の状態を自らの意図に向かったままに維持する原因性（合目的性）に従う心的状態として理解するというものである。

しかし、このアプローチには、当然ながら、ガイヤーの解釈へ向けられた批判と同様の批判、つまり意図を持つ「自由な戯れ」と、快の感情の無関心性との矛盾を指摘する批判が寄せられることになるだろう。また、本解釈とガイヤーの解釈との区別も曖昧であるように思われる。したがって、これから、（α）と（β）を踏まえた解釈を展開するにあたり、まず行わなければいけないのは、「規定されずに合目的的」である「自由な戯れ」に許容される「意図」を発見することである。さらには、本解釈とガイヤーの解釈との違いを示す必要もある。

まず、第一節では、快の感情の無関心性の意味を確定し、無関心性と両立可能な目的と意図を明らかにする。次に、第二節では、無関心な快の感情が「自由な戯れ」から生み出されるあり方を、「認識一般」を目的とした原因性（合目的性）という観点から説明することで、無関心な快の感情の生成について、（α）と（β）の両者をともに踏まえた解釈を展開する。最後に、第三節では、ガイヤーの解釈との違いを明確にしたうえで、本解釈に想定される問題に応答する。

第一節　無関心性とは何か？

関心一般

快の感情が「関心を欠く」とは、つまり無関心性とは、いかなる事態を意味するのだろうか。この意味を正確に理解するためには、まず何よりも、「関心 Interesse」（V 204）を正確に理解する必要がある。

カントは、関心を次のように説明する。

関心と呼ばれるのは、われわれが対象の現実存在の表象と接続させる適意である。それゆえ、そのような適意は、欲求能力の規定根拠としてか、あるいは、その規定根拠と必然的に連関するものとしてか、それらのいずれかとして、つねに同時に欲求能力との関係にある。(ibid. 強調引用者)

関心とは一般に、対象ないし客観の現実存在(例えば、卓上のワインやバラ)との関係において、欲求能力の規定に関わる適意の感情である。つまり、一般に関心とは、快の感情の一種なのである。こうした関心の一般的な定義にくわえて、カントはさらに、関心を、「快適さに関する適意」(V 205)と「善さに関する適意」(V 207)とに区別する。以下、より詳細に見ていこう。

快適さに関わる関心

まずは、快適さに関する適意から見ていこう。

快適さは、感覚において諸感官に気に入られるところのものである。(V 205)

第一章でも触れたように、例えば、私は、味覚によってボルドーワインの味を気に入った場合、「このボルドーワインは快適である（美味しい）」という判断を下す。より厳密に言えば、私の「感官趣味」が、目の前に存在するボルドーワインを気に入ったという感情に基づいて、快適さの趣味判断を下したのである。ここでの感情、つまり、対象の現実存在を感官（五感）によって気に入る際の感情が快適さに関する適意である。この適意は、行為を導く欲求能力の一種である「傾向性 Neigung を産出する」（V 207）。ボルドーワインの味を気に入り、そのワインに快適さに関する適意を感じる人は、再びボルドーワインを飲みたい欲望に駆られる。そして、またボルドーワインを口にすることになるだろう。その後も、またボルドーワインが飲みたくなり、ボルドーワインを何度も飲む。こうして、ボルドーワインが好きな人が出来上がる。これは、言い換えれば、その人の欲望はボルドーワインへと偏り、ボルドーワインに対する傾向性が産み出されたということである。快適さに関する適意は、現実に存在する対象（ボルドーワイン）を欲望させ、その対象に関連する行為（ボルドーワインを飲むこと）を導く傾向性という欲求能力を規定する。

このように、快適さに関する適意は、感官を触発する現実に存在する対象との関係を前提し、その対象に対して傾向性を規定するゆえに、関心となる。また、快適さに関わる適意は、主観の諸感官に基づく点で、単に主観的で「個人的な感情」（V 212）としての性格を持つ。

善さに関わる関心

次に、善さに関する適意である。この適意も、第一章第一節で考察した「善さに関する快の感情」と同じものであるが、もう一度確認しておこう。

善さとは、理性を介して、単なる概念を通じて気に入るところのものである。われわれは、手段としてのみ気に入るものを、何かのために善いもの（有用なもの）と名づけるが、その一方で、おのずから気に入るものを、それ自体で善いものと名づける。（V 207）

或るものを、理性的に、つまり理性の概念を通じて気に入る際に生じる感情が、善さに関する適意（善さに関する快の感情）である。善さは、有用なものと、それ自体で善いものとに区別されるが、『判断力批判』のカントは、そうした区別にはこだわらず、両者を共通の特徴によって理解した。すなわち、両者はともに、理性の「目的の概念」（ibid.）、つまり「そのものDingが何であるべきか」（V 230）、何のためにあるべきかを規定する概念に依存する。主観が、目的の概念に基づいて対象を規定し、規定された対象を気に入る際に感じるのが、善さに関する適意である。第一章でも取り上げた例であるが、誰かにバラを贈る場合を考えてみよう。人を喜ばせるという目的が理性によって設定され、バラは、その目的概念によって「人を喜ばせるため」の道具として規定される。これにより、バラは「何かのために善いもの」となるが、バラはこの善さのゆえに気に入られ、そこに適意の感情（快の感情）が生じることになる。このとき、適意が、目的の概念によって規定された対象の現実存在（人を喜ばせるためのバラ）との関係を前提することは言うまでもない。また、ここでの対象は、理性、より正確に言えば、実践理性によって規定されるゆえに、「意志Wille（理性に規定された欲求能力）の客観」（V 209）となる。人を喜ばせるために、私はバラを「意欲するwollen」わけである。つまり、善さに関する適意は、意志という欲求能力を現実の対象に向かわせる。私が、バラを、誰かを喜ばせるためのバラとして規定し、それに適意を感じる場合、その適意は、私をそのバラに対して意欲させ、そのバラへと私の意志を規定する。

このように、善さに関する適意は、目的の概念に基づいて、現実に存在する対象との関係を前提し、その対象に対して意志を規定するゆえに、関心となる。また、善さに関する適意は、理性の目的の概念に基づく点で、その概念によって規定された客観について、その目的の概念を用いる「理性的存在者一般に妥当」(V 210) するので、客観的感情としての性格を持つ。

関心と目的および意図の関係

要するに、関心とは、現実に存在する対象(ボルドーワインや人を喜ばせるためのバラなど)との関係において欲求能力を規定する適意の感情、つまり快の感情を意味し、それはさらに、傾向性を規定する主観的・個人的なものと、意志を規定する客観的なものとに区別される。

ところで、カントによると、関心は目的および意図を伴う(cf. V 221)。快適さに関する適意は、傾向性を対象の現実存在へと規定するが、傾向性によっては、その対象についての主観個人の目的や意図が設定される。例えば、私がボルドーワインに感じた快適さに関する関心は、ボルドーワインへと私の傾向性を規定するので、そのボルドーワインは、私にとっての「主観的目的」(ibid.) になり、ここでは同時に、ボルドーワインに対する主観的意図が成立する。これは、個人的な目的や意図でもある。

これに対して、善さに関する適意は、対象を規定する（バラを、人を喜ばせるためのバラとして規定すること）ために目的の概念を用いるすべての理性的存在者に妥当する仕方で意志を対象へと規定するが、このとき、意志によっては、その対象について、主観個人を超え出た目的や意図が設定される。私がバラに感じた善さに関する関心は、目的の概念によって規定されたバラ、つまりは、人を喜ばせるためのバラへと私の意志を規定するので、そうしたバラは、私にとっての目的となるのはもちろん、その概念を使用するすべての理性的存在者に妥当する「客観的目的」（ibid.）にもなる。ここではその対象への客観的意図が成立する。

このように、関心の成立には、主観的（個人的）、客観的にかかわらず、目的および意図が伴われる。対象（客観）に対して関心を持つということは、傾向性ないし意志という欲求能力を介して、その対象を目的とし、意図することなのである。

無関心性と両立可能な目的および意図

以上の関心概念の理解を踏まえると、快の感情の無関心性とは、次の事態として理解することができる。すなわち、快の感情が、対象の現実存在との関係において欲求能力（傾向性／意志）を規定する主観的・個人的および客観的な関心としての適意（快の感情）から区別され、だからこそ、主観的および客観的な目的・意図ともまったく関係しないという事態である。つまり、無関心性は、欲求能力との関係、目的および意図との関係の一切を排除する。こうした無関心性を特徴とする快の感情こそが、私たちが美しさを判定するために根拠とする感情であり、そのおかげで無関心な感情に基づく趣味判断は、快適さからも、善さからも完全に区別されたものとしての、まさに純粋な美しさを言明するのである。趣味判断および美しさに関して、「純粋」と「無関心」とは同じ事態を指す。

さて、こうした無関心な快の感情が主観の心的状態、つまり「自由な戯れ」と言われる心的状態から生み出されるのであれば、当然その状態も無関心性を特徴としていなければならない。したがって、「自由な戯れ」は、関心、それゆえに、目的および意図と関係してはならず、まさにそれらに「規定されない unbestimmt」(V 242) 心的状態でなければならない。この点から、ギンスボルクは、「自由な戯れ」が認識に関わる目的および意図を持つとするガイヤーの解釈を批判したわけである。

しかし、その批判は、実のところ正確ではない。「自由な戯れ」から排除されなければならないのは、欲求能力に関わる関心、目的、意図であり、認識能力に関わる関心、目的、意図までもが排除される必要はない。それゆえ、認識能力からなる「自由な戯れ」が認識的な目的、意図を持ったとしても、それが欲求能力との関係にない限り、カントの主張と「噛み合ない」(Ginsborg 2015, p. 36) などということにはならないのである。認識能力の目的および意図は、快の感情の無関心性とも、「自由な戯れ」の無規定性とも両立しうる。こうなると、ガイヤーの解釈が正しくなるようにも思われるが、そうではない。これについては、本章第三節で論じることとして、その前に次節では、無関心な快の感情が「自由な戯れ」から生み出されるあり方を見ていこう。

第二節　無関心な快の感情はどこから、いかにして生み出されるのか？

快の感情の源泉

カントは、『判断力批判』第九節において、無関心な快の感情の源泉について次のように説明する。

与えられた表象にあって、心的状態が普遍的に伝達可能であることallgemeine Mitteilungsfähigkeitこそが、趣味判断の主観的条件として、その判断の根底にあるものであり、対象に関する快を結果するものに違いない。しかし、認識とそれに属する限りの表象以外に普遍的に伝達可能なものは存在しない。（V 217）

つづいて、普遍的に伝達可能な認識が成立する条件として、構想力と悟性とによる「自由な戯れ」があげられる。

趣味判断における表象様式の主観的な普遍伝達可能性allgemeine Mitteilbarkeitは、〔客観に関して〕規定された概念を前提することなく起こるので、（それが認識一般に不可欠な仕方で、互いに合致する限りでの）

> 構想力と悟性の自由な戯れという心的状態以外の何ものでもありえないが、それは、われわれが次のことを意識するからである。すなわち、認識一般に適したその主観的連関が、主観的条件としてのそうした連関につねに依拠するすべての規定された認識と同様に、あらゆる人に妥当し、したがって、普遍的に伝達可能でなくてはならない、ということである。（V 217-218）

さらにつづけて、次のようにまとめられる。

> 対象の、つまり、それを通じて対象が与えられる表象の、こうした単なる主観的（美的）な判定Beurteilungは、その対象に関する快に先行し、認識諸能力の調和Harmonieに関するその快の根拠である。ただし、美しいと名づけられる対象の表象と接続される適意の主観的普遍妥当性が基づくのは、ひとえに諸対象の判定の主観的諸条件のそうした普遍性に限られる。（V 218）

まず、無関心な快の感情は、普遍的に伝達可能な心的状態から生み出される。心的状態が普遍的に伝達可能であるという事態は、その状態が、それを持つ主観だけではなく、他のあらゆる主観にも伝達・共有されうるということであり、そうした心的状態にあたるものが「構想力と悟性の自由な戯れ」に他ならない。この心的状態は、あらゆる人に伝達・共有される可能性、あらゆる人と一致する可能性を持ち、この「あらゆる人」を対象とするという意味で「普遍的」である。また、「自由な戯れ」は「調和」とも言い換えられている。したがって、無関心な快の感情の源泉とは、「自由な戯れ」ないし「調和」という心的状態なのである。以下では、基本的に「調和」という語の方を用いる。

「調和」と快の感情の普遍性

以上のカントの説明は、普遍的な心的状態が無関心な快の感情を生み出すというものであり、何かちぐはぐな印象を受ける。しかし、次の事情を踏まえれば、この説明にも納得することができるだろう。前節で明らかにしたように、快の感情の無関心性は、その快を、主観的・個人的な関心および客観的な関心から区別するので、そこでは主観的・個人的な性質と客観的な性質が排除される。この排除からは、客観的ではないがあらゆる主観に関わるという特徴が導かれる（cf. V 211）。この特徴は、「主観的普遍性」（V 212）あるいは「主観的普遍妥当性」（V 215）と呼ばれる。つまり、無関心性からは、或る種の普遍性が導かれるのである。それゆえ、無関心な快の感情は、実は普遍的でもあり、この快に基づく趣味判断は、自らの判断へと「あらゆる人が一致することを要求する」（V 216）ことになる。先の引用のカントは、こうした快の感情を普遍的な心的状態から説明したわけである。

さて、「調和」は、客観に関わる特定の諸概念（悟性概念および目的の概念）を前提とはせず、概念の法則性に強要されない点で自由であり、諸概念によって客観的に普遍的であることはない。しかし、だからこそ、「調和」には主観的に普遍的である余地が生じる。そして、「調和」は、認識が成立するための「主観的条件」である点で、実際そのように普遍的なものとなる。なぜなら、「普遍的に伝達されうるものが、認識と、認識に属する限りでの表象以外にはない」（V 217）なかで、「調和」は、そうした認識および表象の主観的条件であるゆえに、客観的な要素が入ることなくまさに主観的に、あらゆる人に伝達されうるという普遍性を持つからである。

要するに、構想力と悟性という認識能力の「調和」は、あらゆる人に伝達されうることを特徴（「普遍伝達可能性」）とする認識のための主観的条件であるゆえに、主観的であるとともに、認識と同じく、あらゆる人に伝達（共有）されうるという特徴を持つ、主観的に普遍的な心的状態なのである。そして、こうした普遍的な心的状態からは、「主観的（美的）判定」（V 218）を通じて[10]、同じく主観的に普遍的な快の感情、すなわち、無関心な快の感情が生み出される。

ここまでを、いったんまとめよう。例えば、庭園のバラを眺めて、私は、「このバラは美しい」という趣味判断を下し、それと同時に、その判断を通じて、あらゆる他者がまさに私の判断に一致することを、あるいは、私の判断があらゆる他者に対して妥当することを要求する（「主観的普遍妥当性」の要求）。庭園を誰かと一緒に散歩しているのであれば、「このバラは美しい」という発話は、その人に、私の判断へ賛同するように要求し、私と同じように「そのバラは美しい」という判断を下すように要求する。なぜ趣味判断がそのような要求をできるのかと言えば、その判断が、バラが美しいか、美しくないかを判定する際に、無関心で普遍的な感情に基づくからである。私は、無関心で普遍的な快の感情に基づくことで、「このバラは美しい」という趣味判断を下し、それを通じて、普遍妥当性を要求することができる。また、なぜ快の感情が普遍的でありうるのかと言えば、快の感情を生み出す私の心的状態があらゆる人に伝達しうるという普遍性（「主観的普遍性」）を有するからである。そして、さらに、なぜ心的状態が普遍性を持ちうるのかと言えば、構想力と悟性の「調和」という認識能力からなる心的状態が、あらゆる人に伝達可能な認識の条件だからである。

ここで注意しておきたいのは、認識の「普遍伝達可能性」、つまり認識があらゆる人に伝達（共有）されうるという事態が、「調和」という心的状態、快の感情、趣味判断、それらすべての普遍性を支えているという点である。以下ではよりいっそう明瞭になるが、カントの趣味判断は、認識概念に依存する部分が多く、認識（論）的な色彩が強い。

「認識一般」に関する合目的性

以上のように、『判断力批判』第九節のコンテクストは、無関心な快の感情が「調和」という心的状態から生み出されることを明らかにする。しかし、「調和」からいかにして無関心な快の感情が生み出されるのかについては、いまだに不明のままである。この問題に答えるために着目したいのが、『判断力批判』第十二節において改めて語られる快の感情と「自由な戯れ」の関係である。

〔10〕　ガイヤーの「二つの反省理論」（Vgl. Guyer 1979, pp. 110-116）によると、「判定 Beurteilung」と「判断 Urteil」とは区別され、前者は単に経験的（心理学・生理学的）な快を生み出す過程として、後者は趣味判断における普遍性を確保する過程として説明される。しかし、「適意の主観的普遍妥当性が基づくのは、ひとえに諸対象の判定の主観的諸制約の普遍性だけである」（V 218 強調引用者）と言われる限り、「判定」は、普遍的な快の感情の生成に関わるはずである。この点で、ガイヤーの解釈を支持することはできない。

或る対象がそれを通じて与えられる表象に際して、主観の認識諸能力の戯れのうちの単なる形式的合目的性の意識は、快そのものである。(V 222)

「自由な戯れ」、つまり「調和」の「形式合目的性」が意識されることによって、快の感情は心的状態から生み出される。

それでは、「形式的合目的性」とは何なのか。すでに見たように、合目的性とは、目的因による原因性である。より正確に言えば、原因としての目的の概念(目的因)が目的の対象(結果)に対して持つ意志の原因性である(cf. V 220)。例えば、大切な人に花を贈る場合を考えてみよう。「その人を喜ばせるため」という目的因があり、その原因から花を贈るという結果が導かれる。人を喜ばせるために花を贈るという行為を結果する際に意志が従う原因性が合目的性である。

ただし、合目的性は、目的因による原因性という形式を保ってさえいれば、意志が働かずに、それによる「客観的目的」(V 221)が設定されなくとも、可能である(cf. 220)。同様に、傾向性に関わる「主観的目的」(ibid.)が設定されない場合であっても、合目的性は可能となる。要するに、合目的性は、形式上、欲求能力との関係や目的および意図がなくとも可能である。それゆえ、その実質にあたる目的および意図を欠いた形式的な合目的性こそが「形式的合目的性」に他ならない。「形式的合目的性」は、欲求能力とは関係せず、それに関連した目的および意図も設定されないという点で、未規定unbestimmtである。

したがって、「形式的合目的性」に基づく心的状態である「調和」は、「規定されずに合目的的

unbestimmt-zweckmäßig」（V 242）なのである。そして、だからこそ、そこからは、欲求能力と関係せず、目的および意図とも関係しない無関心な快の感情が生じることができる。快の感情の無関心性は、「調和」の合目的性の形式性によって確保されるわけである。

しかし、「調和」は、欲求能力、目的、意図と関係しないにもかかわらず、いかにして合目的的であることができるのだろうか。言い換えれば、「形式的合目的性」の形式を保つものは何なのであろうか。以下では、「調和」から無関心な快の感情が生み出されるあり方を説明するにあたり、まずは、この問いに答えたい。

さて、『判断力批判』第十二節からの先の引用には、次の文言がつづく。

> なぜなら、その〔「自由な戯れ」（「調和」）の形式的合目的性の〕意識は、主観の認識諸能力を活気づけることに関する主観の活動を決定する根拠、すなわち、規定された認識へと制限されない認識一般に関する内的な（合目的的）原因性を含み、したがって、美的判断における表象の主観的合目的性の単なる形式を含むからである。（V 222）

ここからは、「形式的合目的性」が、認識能力の生き生きとした活動を「認識一般」に関して規定する原因性であることがわかる。つまり、構想力と悟性は、「認識一般」に関する合目的性に従って、まさに「認識一般」のために活動するのであり、そうした活動をしている心的状態が「調和」なのである。この際、認識能力と「認識一般」とのあいだには、前者は後者のため（目的因）に活動する（結果）という、目的因に基づく因果関係が明らかに成立している。もちろん、そこに欲求能力は一切関与しない。要するに、「形式的合目的性」は、本来その実質にあたる欲求能力による目的および意図を欠くという点で形式的ではあるが、「認識一般」という目的因に基づく点で、いかなる目的をも欠いているわけではない。それゆえ、「形式的合目的性」の合目的性としての形式を支えているのは、そのような認識的な目的因であると考えられる。

「形式的合目的性」は、その実質である目的および意図を欠くという意味で「目的なき合目的性」(V 226)とも呼ばれる。「目的なき合目的性」は、カント美学を代表する概念としてしばしば取り上げられるが、パラドキシカルで謎めいているためか、不必要な期待が持たれたり、過度に哲学的な意味が読み込まれたりする場合が多い。しかし、実はそれほど深淵な概念ではない。「形式的合目的性」としての「目的なき合目的性」は、消極的に言えば、欲求能力による目的および意図を欠いた合目的性であり、積極的に言えば、「認識一般」を目的とした合目的性でしかない。「認識一般」という目的は、欲求能力ではなく認識能力と関係するものであり、本来の定義からは合目的性の実質たる「目的」とは呼べないので、ここでは「目的なき」と呼ばれているにすぎない。「目的なき合目的性」にはパラドクスも謎も存在しない。「目的なき合目的性」は、単に「認識一般」を目的とする原因性にすぎないのである。

ところで、「認識一般 Erkenntnis überhaupt」とは何であるのか。すでに何度か登場しているが、このあたりで詳しく説明しておきたい。『判断力批判』において、認識とは「普遍的に伝達されうるもの」(V 217)であり、あらゆる人に伝達・共有されうるという普遍性、つまり「普遍伝達可能性」(ibid.)という特徴を持つ。この点で、認識は、例えば、「痛い」や「熱い」、「快適だ」などの、その人の感覚に基づく個人的な知覚や経験、判断とは区別される。逆に言えば、「普遍伝達可能性」を特徴とする経験、知覚、判断はみな認識のうちに数えられる。これらの認識には、客観に関する諸概念（悟性概念および目的の概念）によって、例えば、「この花はバラである」や「このバラは贈り物として役立つ」などの客観的な判断へと限定されるものもあり、「規定された（＝特定の）bestimmt認識」（V 222）と呼ばれる。これに対して、「認識一般」とは、そうした理論的ないし実践的な客観的認識のいずれにも限定されず、趣味判断のような主観的認識・判断をも含めたすべての普遍伝達可能な認識を意味する。すなわち、「認識一般」とは、客観（対象）についての規定を含む客観的な認識や判断ではなく、「普遍伝達可能性」を特徴とするすべての認識を指す。

構想力と悟性は、こうした「認識一般」を目的とする原因性（「形式的合目的性」、「目的なき合目的性」）に従って、認識の成立を目的とした活動をなし、「調和」という心的状態を形成する。言い換えれば、「調和」とは、「認識一般」を目的とする原因性に基づき、認識を成立させようとする合目的的な心的状態なのである。

快の感情が生み出されるあり方

ここにきてようやく、「調和」から無関心な快の感情が生み出されるあり方を説明することができる。構想力と悟性とを「調和」という活動へと導く原因性は、認識能力を「認識一般」のために合目的的に活動させる「形式的合目的性」である。この際、「認識一般」の成立を目指す心的状態は、その目的および意図に向かったままに自らを維持しつづけるので、その合目的性は、主観の状態を一定に維持する原因性でもある。したがって、「形式的合目的性」の意識は、（β）＝「快の感情が主観の状態を維持する原因性に由来するという規定」に従い、快を生じさせる。同時に、「認識一般」のために活動する「調和」は、自らの活動をなす限りにおいて自らの目的および意図を遂行しつづけるので、そうした合目的的な活動には、意図の遂行が含められる。したがって、「形式的合目的性」の意識は、意図の遂行の意識でもあり、（α）＝「快の感情は意図の遂行に由来するという規定」に従い快を生じさせる。要するに、すなわち、「調和」という心的状態が「認識一般」の成立を目指した認識能力の合目的的な連関であるゆえに、「認識一般」を意図することによって主観の状態維持および意図の遂行とを含意した合目的性に基づき活動するゆえに、「調和」からは無関心な快の感情が生み出されるのである。

ここまでをまとめよう。何らかの対象を前にして、私たちの認識能力である構想力と悟性が「認識一般」の成立を意図し、「調和」という心的状態を形成するとき、その状態の「形式的合目的性」が意識されることで、そこからは無関心であり普遍的である快の感情が生み出される。「調和」が従う合目的性は、意図の遂行と主観の状態維持との原因性であり、そこにこそ、「調和」が無関心な快の感情の源泉であることとの直接の根拠が存在する。この意味で、無関心な快の感情も、それによる趣味判断も、認識を可能にする構造に支えられている。たしかに、無関心な快の感情は感性的なものであり、美しさの趣味判断も情感的（美的）[11] 判断であるが、それらはともに、広い意味では認識的なものであると言わざるをえない。

以上の解釈は、（α）と（β）のどちらかにのみ依拠する従来の解釈とは異なり、両者を踏まえると同時に、これまでの解釈では説明することができなかった「〔心的状態を〕それ以上の意図なしに維持する原因性」（V 222）としての合目的性を、「認識一般」を目的とした原因性（合目的性）という観点から説明できている。

とはいえ、本解釈に問題がないわけでもない。次節では、快の感情の生成を、本解釈と同じように、意図の遂行に見たガイヤーの解釈との比較から、その違いを明らかにしつつ、本解釈に想定される問題に応答したい。

第三節　想定される問題への応答

ギンスボルクの批判への応答

「調和」が「認識一般」を目的とした合目的性に基づくとする本解釈は、ガイヤーの解釈と同様に、「調和」（「自由な戯れ」）が意図および目的を持ってはならないとするギンスボルクからの批判にさらされ

〔11〕 ästhetisch の感情を問題とするという側面を強調する場合、「情感的」と訳出することがある。今後使用される、「情感的」はすべて ästhetisch の訳語である。また、文脈によっては、ここでしたように「美的」と「情感的」とを併記することもある。

るように思われる。しかし、この問題は、本章第一節において見た通り、すでに解決ずみである。「調和」から排除されなければならないのは、欲求能力に関わる限りでの関心、目的、意図であり、「調和」が認識的な目的および意図を持つとしても、カントの主張とは矛盾しない。

ガイヤーの解釈の問題と本解釈との違い

ガイヤーは、「自由な戯れ」（「調和」）を、悟性概念による強制を受けずに直観の多様を総合する悟性と構想力の作用として、次のように解釈した。すなわち、『純粋理性批判』第一版（1781）において客観的認識のために持ち出される「三重の総合」のうち、「概念における再認の総合」（A 103）を抜いた、「直観における把捉の総合」（A 98）と「構想力における再生の総合」（A 100）とを行う悟性と構想力の連関として解釈したのである（cf. Guyer 1979, p. 86）。ガイヤーは、「自由な戯れ」を、『純粋理性批判』第一版に照らして、客観的認識を意図する心的状態として解釈したわけである。そして、その意図の遂行から快の感情が生じるとした。

しかし、この解釈には致命的な問題がある。客観的認識を成立させるために構想力が行う総合作用は「再生Reproduktion の総合」であり、これによっては、過去のイメージが再び呼び起こされ、直観の多様にまとまりが与えられる。そのため、ここでの構想力は「再生産的 reproduktive」である。ところが、「調和」を構成する構想力は、イメージを生み出す「生産的 produktive」（V 240）構想力であり、種類が根本的に異なる。さらに、客観的認識のために必要になる「三重の総合」は、不可分の総合作用であるので、ギンスボルクが批判するように、そこから特定の総合を排除することは不可能である（cf. Ginsborg 2015, p. 37）。

問題は、これだけにつきない。「調和」（「自由な戯れ」）が客観的認識の成立を意図するとなれば、以下の二つの問題が生じる。第一に、「調和」から認識能力の自由が失われてしまう。というのも、客観的認識を意図する場合、認識能力の連関は、客観に関する悟性概念を前提しなければならず、連関そのものが概念の法則性に強制されることになるからである。例えば、「この花はバラである」という客観的判断（認識）をバラの概念に基づいて下す場合、その概念が使用される点で、構想力と悟性はつねにバラの概念によって強制されてしまう。そこに自由はない。そして、だからこそ、第二に、認識の主観的条件とされたはずの「調和」は、客観に関する悟性概念に基づく客観的な条件になってしまう。このように解釈された「調和」からは、快の感情が生じることもありえない。なぜなら、目的の概念を除いて、「概念からの快ないし不快の感情への移行は存在しない」（V 211）からである。

要するに、ガイヤーの解釈は、「調和」の概念そのものを破壊してしまうのである。よって、それを支持することはできない。

ところで、本解釈も、ガイヤーの解釈と同様に、認識に関わる目的および意図との関係から「調和」を理解した。しかし、本解釈は、「調和」が目的とする認識として、客観的認識ではなく、客観に関する概念に規定されない「認識一般」に注目した。そのため、「調和」の概念が破壊されることもない。そして、それゆえに、「調和」を「三重の総合」の二つの総合に重ねて理解する必要もなくなり、ガイヤーの解釈に見出された問題が生じる余地はない。本解釈は、「認識」の意味に関して、ガイヤーの解釈とは根本的に異なっており、その点でその解釈の問題を引き受けることもない。

「すべてのものは美しい」問題とその解決

しかしながら、本解釈にも以下のような問題が想定される。「調和」は、すでに見たように、「認識一般」、つまり普遍的に（あらゆる人に）伝達可能なすべての認識の主観的条件である。それゆえ、認識が成立する場合はいつでも、心は「調和」の状態にあり、その限りで、無関心な快の感情が生み出されることになる。そうなると、美しさの趣味判断だけでなく、例えば、「水分子は、二つの水素分子と一つの酸素分子から構成される」のような、美しさをまったく言明しないはずの客観的で論理的な認識判断においても無関心な快の感情が生じることになり、そうした判断を通じても美しさが表象されるという奇妙な事態が帰結してしまう。このいわゆる「すべてのものは美しい」問題〔12〕に答えるために、以下では、「調和」と「認識一般」との関係をさらに詳しく見ていきたい。

さて、構想力と悟性の「調和」が「認識一般」の主観的条件として説明された『判断力批判』第九節では、それに関連して次のような問いが提起される。

われわれは、趣味判断において認識諸力〔＝構想力と悟性〕相互の主観的調和Übereinstimmungをいかなる仕方で意識するのだろうか。それは、単なる内官や感覚を通じて美的ästhetischであるのか、それとも、認識諸力を活動させようとするわれわれの意図的活動の意識を通じて知的intellektuellで

あるのか。（V 218 強調引用者）

この問いの答えは、当然ながら前者である。前者の美的な意識にあっては趣味判断が下されるのに対して、後者の知的な意識にあっては、「客観の認識」（ibid.）、つまり客観に関する諸概念（悟性概念および目的の概念）に基づく客観的認識（判断）が下される。前者の意識が美的（情感的）であるのは、その意識が感官や感覚という感性的なものに依拠するからであり、後者の意識が知的であるのは、「諸概念」（ibid.）という知的な表象との関わりのなかで認識能力が活動させられるからである。要するに、構想力と悟性の「調和」の意識は、感官および感覚による場合には、趣味判断を下す際の美的（情感的）意識に、諸概念による場合には、客観的な認識判断を下す際の知的意識になる（図1を参照のこと）。これは、「認識一般」の成立を目的とした「調和」が、二種類の意識を通じて、二種類の認識、すなわち、趣味判断および認識判断のための連関へと特殊化される過程に他ならない。もっとも、前者の連関は内官（心的状態を感覚する器官）を通じて感覚されるだけでよいのに対して、後者の連関には内官以外にも諸概念が関与しなければならないので、厳密な意味で特殊化されるのは後者の連関に限られる。

カントは、こうした意識を通じた「調和」の特殊化を示した後で、後者の連関について次のような但し書きを加える。

［12］ この問題については、第四章第二節および第五章第二節においても取り上げている。もともとの問題提起は、M・リントによる（cf. Rind 2002）。

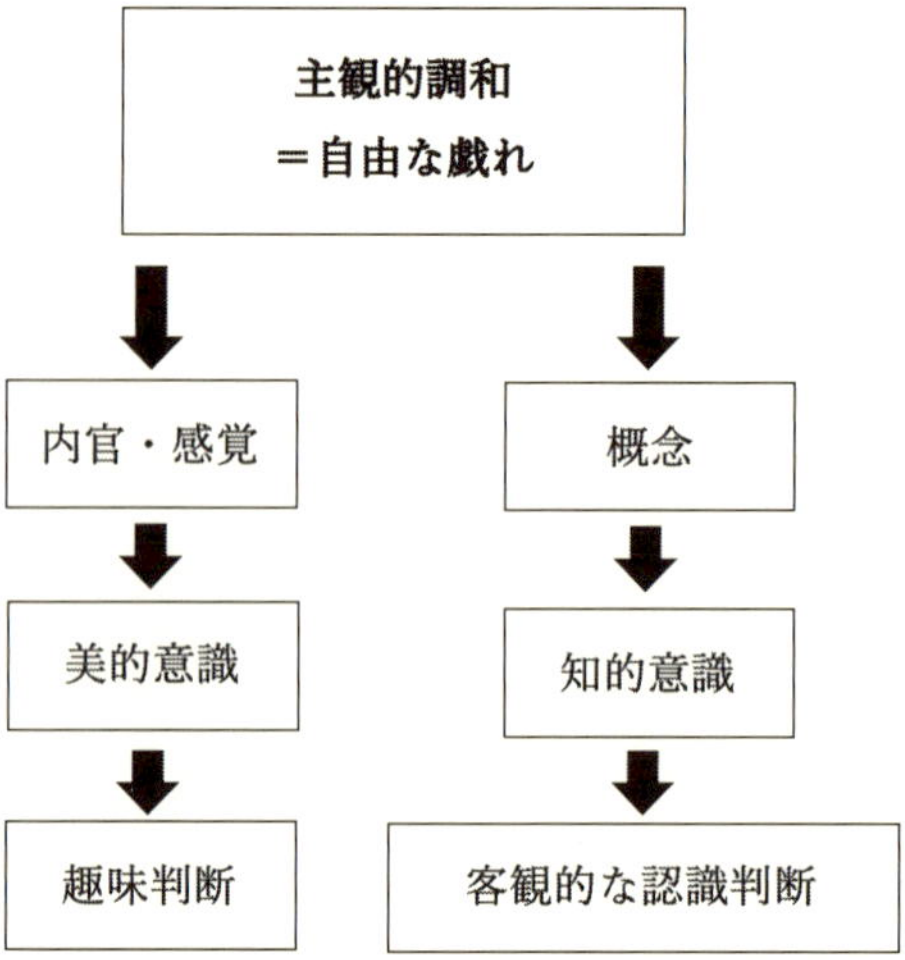

図1

> 〔構想力と悟性の〕客観的連関は〔諸概念に基づいて〕思考されるが、この客観的連関もその条件〔＝構想力と悟性〕に従えば主観的であり、その限りで、心への作用において感覚されることができる。同様に、いかなる概念も根底に置かない〔構想力と悟性の「調和」という〕連関の場合も、その連関の意識は、〔心への〕作用の感覚を通じてのみ可能である。（V 219 強調引用者）

認識判断のための「調和」は、客観に関する諸概念を必要とする認識能力の連関としては客観的であるにもかかわらず、それを構成する条件、つまり構想力と悟性という認識能力そのものの連関としてはなお主観的であり、この主観的な側面に限れば、趣味判断のための「調和」と変わらず、主観の心において感覚されうる。もちろん、そこで感覚されるのは無関心な快の感情である。

しかし、これでは、結局のところ、「水分子は、二つの水素分子と一つの酸素分子から構成される」のような認識判断においても、美しさが表象されることになってしまうのではないだろうか。たしかに、「調和」から快の感情が生じるという事態は、「極めて普通の経験（＝認識）でさえも、快がなければ、不可能であろう」（V 187）とカント自身が言っている限り、否定しがたい。つまり、一般に認識が成立する際には、無関心な快の感情も生じているのである。ただし、上述の「調和」と意識の構造を踏まえれば、快の感情が認識判断のうちに顕在化することはない。客観がいかなるものであるのかを諸概念に基づいて規定することにもっぱら焦点があてられる認識判断では、構想力と悟性の「調和」は客観的連関として知的に意識され、この客観的連関のみが前景化する。そのため、客観的連関の条件である認識能力そのものの連関、つまり主観的連関としての「調和」はどこまでも後景にとどまり、そこから快の感情が生じたとしても、その快は顕在化しない（cf. 小田部 2016, p. 40)。「そうした快は、次第にまったき認識と混ざり合い、もはや特別には気づかれないものとなってしまう」（V 187）。

いまや「すべてのものは美しい」問題を解決することができる。「認識一般」の成立を目的とした構想力と悟性の「調和」は、諸概念を介して知的に意識される場合、客観的な認識（判断）を成立させるための客観的連関になる。この連関は、当然、構想力と悟性という認識能力を、自らが成り立つための主観的条件として前提する。つまり、知的に意識された「調和」（客観的連関）は、美的（情感的）に意識される「調和」（主観的連関）を前提するのである。それゆえ、前者の連関によって認識判断が成立する際に、そこに構造上含み込まれている後者の連関から無関心な快の感情が生じることはありうる。しかしながら、認識判断が客観の規定を主題とする限り、「調和」は知的にしか意識されないので、実際のところは、美的に意識されたものが前景に現れ出ることはなく、それによる快の感情が顕在化することもない。したがって、認識判断において美しさが表象されることもないのである。

例えば、「水分子は、二つの水素分子と一つの酸素分子から構成される」という認識判断を下す場合、私は、「認識一般」を成立させようとする自らの心的状態、すなわち、「認識一般」の主観的条件としての構想力と悟性の「調和」を、「水分子」、「水素分子」、「酸素分子」に関する諸概念を介して知的に意識する。私は、自分の心的状態を知的に意識している限り、その状態を美的（情感的）に意識し、快の感情として感じることはできない。あるいは、その状態を美的に意識し、快を感じていたかもしれないが、それらはすでに失われてしまっている。認識判断を下す際、私の注意は、「水分子」がいかなるものであるのかにあるのであって、自らの心的状態を感じることにはないのである。だからこそ、「水分子は、二つの水素分子と一つの酸素分子から構成される」という認識判断には、無関心な快の感情が現れることも、美しさが表象されることもない。

おわりに

本章は、美しさの趣味判断の規定根拠である快の感情がいかなる感情であるのか、どこから、そしていかにして生み出されるのかを明らかにしてきた。その感情は、無関心な快の感情であり、構想力と悟性の「調和」という主観の心的状態から生じる。「調和」は、「認識一般」の成立を目的とした心的状態、つまりは、構想力と悟性とが、認識を成立させようとする意図を遂行すると同時に、その目的および意図のために主観の状態を一定に維持する合目的的な状態である。その意図の遂行と、主観の状態維持のために、「調和」からは快の感情が生み出されるのである。ただし、「調和」の合目的的な活動は、認識能力から構成されるので、欲求能力とも、それによる目的および意図とも一切関係することはない。「調和」は、たしかに認識能力の認識的な関心を持つものの、それゆえにこそ、行為に関わる実践的関心とは無縁である。こうして、「調和」からは、実践的関心を欠くという意味で無関心な快の感情が生み出されるわけである。

しかし、なぜカントは、趣味判断を規定する根拠として、無関心な快の感情にこだわるのだろうか。これは、本章第一節で見た通り、趣味判断が言明する美しさを快適さや善さから独立させ、その純粋性を確保するために他ならない。快の感情に基づく趣味判断にあって純粋な美しさを問題にするためには、どうしても実践的関心（快適さに関わる関心、善さに関わる関心）を排除する必要があったのである。

また、以上からは、美しさを説明するカントの美学理論が認識（論）的であることが明確になった。美しさ、美しさを言明する趣味判断、判断の根拠である快の感情、快を生み出す心的状態、このように美しさの根拠を分析していった先に見出されたのは、「認識一般」の条件としての「調和」であった。カントの美しさの説明は明らかに認識の構造に支えられている。この意味で、カント美学は認識（論）的美学なのである。この性格の問題については、本書の「結論」で改めて触れることにする。

第三章

誤った趣味判断は何を表すのか？

第一章、第二章では、「このバラは美しい」のように対象の美しさを言明する趣味判断がいかなる判断であるのか、そして、その判断の根拠としての快の感情がいかなる感情であるのか、どこから、いかにして生み出されるのかを見てきた。

例えば、美術館でK・モネの作品《睡蓮》（1916, 図1）を眺めて、それを美しいと判断するのは、私たちが、《睡蓮》の価格に対する興味や色彩が与える感覚的快楽、つまり欲求に関わる事柄から離れて、まさに関心なしに感じた快の感情に基づき、《睡蓮》を判定するからである。欲求にまみれた快に基づいて《睡蓮》を判定するのであれば、《睡蓮》の美しさではなく、高く売れる商品としての善さ（有用性）や、色の単なる心地よさ（快適さ）が判断されることになる。そして、趣味判断を規定する無関心な快の感情がどこから生じたのかと言えば、それは、私たちの心的状態から、それも「調和」（「自由な戯れ」）と呼ばれる構想力と悟性が認識を成立させるために合目的的に働いている状態からであった。《睡蓮》に対峙した私たちの心は、認識的な心的状態にあるからこそ、そこからは、欲求とは無関係な（無関心な）快の感情が生じるのである。このように、カントは、極めて認識（論）的な仕方で、美しさとその判断を説明している。

さて、次に本章がテーマとするのは「誤った趣味判断」である。素朴に考えれば、美しい趣味判断が誤ることになれば、誤った認識判断が真の反対である偽を表すように、美しさの反対である醜さが言明されるように思われる。しかし、以下に見ていくように、実のところ、そう単純な構造にはなっていない。本書第二部からは醜さの趣味判断を本格的に考察していくが、醜さの趣味判断との混同を避けるために、それに先立って、まずは「誤った趣味判断」が何を表すのかを明らかにしておく必要がある。

図1　K・モネ《睡蓮》

はじめに

本章では、考察の対象を、美しさの趣味判断から、醜さの趣味判断へと切り替えるための準備を行う。そのために注目したいのが「誤った irrig 趣味判断」(V 216) である。ここで、論理的な認識判断が誤る場合を考えてみよう。例えば、机の上にリンゴがあるにもかかわらず、「机の上にあるそれはバナナである」という判断を下す人がいれば、その人の判断は誤っており、偽なる判断を下したことになる。あるいは、道徳的・実践的な認識判断が誤る場合には、「約束をするに際して嘘をついてはならない」という道徳的に正しい判断があるにもかかわらず、「金儲けをするためにここでは嘘をつこう」という判断を下す人がいれば、その人の判断は誤っており、悪い判断を下したことになる。要するに、誤った論理的認識判断と誤った道徳的・実践的な認識判断では、正誤が真偽および善悪という対立する性質に対応するのである。これらの判断と類比的に考えるなら、趣味判断についても、正誤に美醜が対応し、「誤った趣味判断」は、美しさの反対概念としての醜さを表すことになると予想される。この予想の検討が本章の課題である。果たして、「誤った趣味判断」は醜さの趣味判断なのであろうか。

まず、カントが「誤った趣味判断」という表現を用いている以上、趣味判断にも、認識判断と同様に、正誤が存在することは明らかである。ところが、カントは、趣味判断の正誤について明示的な説明を与えなかった。そのため、その正誤が何に関するものであるのかについてはしばしば問題にされており（cf. Cohen 1990, p. 139）、いくつかの異なる観点からの応答が考えられる。

まずは、D・クロフォードやA・サヴィルのように、趣味判断を道徳的観点から解釈するという立場がある（cf. Crawford 1974, Savile 1987）。それによると、趣味判断は、究極的には、道徳的感情とそれを生じさせる手続きに基づくとされ、そうした道徳的基盤を欠いた趣味判断が誤ったものとなる。それゆえ、ここでの正誤は道徳的な善悪に依存する。

次に、T・コーエンのように、認識論的観点からの応答が考えられる（cf. Cohen 1990）。それによると、趣味判断は、判断の対象を同定する際に概念の適用を誤る場合があり、この適用の誤りが趣味判断の誤りにつながる。それゆえ、ここでの正誤は対象認識の真偽に依存する。

最後に、『判断力批判』を素朴に読むと、情感的観点からの応答が考えられる。それによると、主観が自らの感じる感情を意識する際に、感情の種類を取り違えることで、趣味判断の誤りが生じることになる。それゆえ、ここでの正誤とは、感情の区別に関する正誤となる。

ただし、三つ目の応答には、コーエンが指摘している通り（cf. ibid., p. 139）、他の応答には見られない問題が生じてしまう。すなわち、正誤を論じるにあたり、感情という主観的要素に基づく点で、正誤が独断的なものになってしまうという問題である。これに対して、道徳的観点および認識論的観点からの応答では、客観的要素（道徳的要素や認識的要素）に基づく点で、正誤が独断的なものになる危険は避けられる。とはいえ、後で見るように、この二つの応答にも問題がないわけではない。さらに言えば、「誤った趣味判断」に関するカント自身の数少ない言明が支持するのは、明らかに情感的観点による応答であるように見える。本章では、趣味判断の正誤問題への情感的観点による応答を試みるが、その際にはコーエンの指摘した問題を克服する必要がある。

まず、第一節、第二節では、趣味判断の正誤問題に、道徳的観点、認識論的観点から応答する立場を概観したうえで、その立場に見出される問題点を指摘し、それらの立場を退ける。次に、第三節では、「誤った趣味判断」がいかなる事態を意味するのかを、情感的観点から明らかにするとともに、この応答に指摘される問題を解決する。最終的に、「誤った趣味判断」が表すものが醜さではないということを確認する。

第一節　道徳的に誤る趣味判断？

趣味判断の道徳的解釈

クロフォード、サヴィル、K・ロジャーソンなど解釈者は、趣味判断が道徳的要素に基づくと解釈する。私たちが趣味判断を下すためには、それに先立ち、判断を下す対象をめぐり道徳的関心や道徳的感情、あるいは、それらを生じさせる構造がなくてはならず、趣味判断の普遍妥当性の要求、つまりは、あらゆる他者がその判断に賛同することの要求も、そうした道徳的要素が客観的である点から保証される。私たちが趣味判断を下せるのは、道徳的な構造があってこそというわけである。

この道徳的解釈を支持する論拠は、『判断力批判』第四十二節および第五十九節のうちに求められる。まずは、第四十二節から見ていこう。

或る者が、自然の美しさに対して関心を抱くことができるのは、その者が道徳的に善いものに対する関心を前もって十分に樹立している場合に限られる。（V 300）

この文言は、関心が適意と交換可能であること（cf. V 204）や、適意が快の感情であることを考慮するなら、私たちは、道徳的に善いものに対して関心を持つ場合に限り、美しい対象（ここでは自然）について快の感情を感じることができると述べているように理解できる。私たちが、対象の美しさを言明できるのは、それに先立ち、道徳的に善いものに対して関心を抱いているからというわけである。

それでは、道徳的に善いものに対する関心とはいかなるものなのか。カントは、先の引用につづく箇所で、この関心を、「実践的諸格率（これらの格率が普遍的立法としての資格を自らに備えている限りにおいて）の単なる形式に対してア・プリオリに規定〔される〕適意」（ibid.）として説明する。この説明を理解するには、カントの実践哲学における道徳法則と感情との関係をおさえる必要がある。ここでは、『道徳形而上学の基礎づけ』（1785）を参照する。

『道徳形而上学の基礎づけ』によると、私たちの意志を規定し、何らかの行為を帰結させる原理は、行為の主観的原理としての格率と、客観的原理としての道徳法則とに区別される（cf. IV 401）。格率は、私の傾向性や習慣に依存して、個人的な行為を導くいわば「自分ルール」のようなものであり、「朝食にはご飯ではなくパンを食べる」や「電車に乗るときには一番後ろの車両に乗る」など、日常において経験的に形成された個人の好みやポリシーとも言える。これに対して、道徳法則は、私の行為を導く原理ではあるが、あらゆる人の意志と行為を強制する客観的な法則であり、私も他のいかなる人もこの法則に従わなければならない。道徳法則は、例外を許さない断定的な命令である「定言命法」として私たちにその遵守を命じる。

しかし、なぜどんな人も道徳法則に従わなければならないのであろうか。例えば、「嘘の約束をしてはならない」という道徳法則（定言命法）を考えてみよう。約束は嘘がつかれないことを含意するので、嘘の約束は概念的に矛盾し、その限りで、考えることが不可能な行為である。それゆえ、これは約束という概念をもって行為するどんな人にも例外なく妥当する。これにより、「嘘の約束をしてはならない」は、そうしたどんな人も守らねばならない、あたかも自然法則であるかのような、客観的な普遍妥当性を持つ行為の原理となる。

ただし、注意しなければならないのは、道徳法則が格率でもあるという点である。道徳法則は、自然から現れるわけではない。格率のなかに、道徳法則、換言すれば、客観的な普遍妥当性を持つ行為の原理となるものが紛れている。格率が道徳法則として普遍性を持ちうるか否かを判定する手続きを「普遍性テスト」などと呼ぶこともある（cf. O'Neill 1989, p. 81）。「満員電車に乗るときは一番後ろの車両に乗る」という格率を普遍化し、道徳法則とすることはできない。なぜなら、すべての乗客が一番後ろの車両に乗ることは不可能だからである。これに対して、「嘘の約束をしない」という格率は、先に見たように、道徳法則になりうる。

要するに、行為の主観的原理である格率は、客観的な普遍妥当性を獲得した場合、つまり、「普遍性テスト」をパスした場合には、行為の客観的原理である道徳法則としての資格を獲得するにいたるのである。このとき、私たちは、道徳法則に対して、「尊敬」（IV 401）という感情を持つことになる。この事態は、私たちが道徳法則を理性的に気に入るということでもあるので、私たちが道徳法則に対する適意、つまり関心を抱くということに他ならない。

以上を踏まえると、『判断力批判』第四十二節の「実践的諸格率（これらの格率が普遍的立法としての資格を自らに備えている限りにおいて）の単なる形式に対してア・プリオリに規定［される］適意」という先の文言は、次のように理解することができる。普遍的立法としての資格を備えた実践的格率とは、「普遍性テスト」をパスした格率、つまり道徳法則であり、ここでの適意とは、道徳法則に対する尊敬の感情である。したがって、道徳的に善いものに関する関心は、道徳法則に対する尊敬の感情を意味する。よって、私たちは、尊敬の感情を生み出す道徳法則の普遍的立法、換言すれば、格率の「普遍性テスト」という手続きを行うからこそ、対象の美しさを言明できるようになるのである。

とはいえ、道徳法則の普遍的立法（格率の「普遍性テスト」）は、美しさの趣味判断にいかなる寄与をするのだろうか。道徳法則の普遍的立法という手続きは、日常の習慣やそこで産出された傾向性などの主観的で個人的な要素に依存しない客観的な普遍妥当性を格率に与える。それゆえ、この手続きは、それを前提したうえで下される趣味判断に、同様の普遍性を保証してくれる。これにより、趣味判断の普遍妥当性の要求を、道徳的義務による当意や要求として理解することが可能になる（cf. Rogerson 1982, pp. 305-307）。

次に、『判断力批判』第五十九節が、趣味判断の道徳的解釈の論拠として用いられる場合を見ていこう。

> 美しいものは、道徳的に善いものの象徴であり、しかもまた、このこと（つまり、あらゆる人にとって当然であり、あらゆる人が他者に義務として要求する関係）を考慮してのみ、〔美しいものについて〕あらゆる他者の賛同を要求すると同時に、気に入るのである。（V 353 強調引用者）

私たちが美しいものについてあらゆる他者の賛同を要求する、言い換えれば、美しさの趣味判断が普遍妥当性を要求できるのは、美しいものが道徳的なものの象徴であり、その背景に義務が前提される場合に限られる。この事態も、カントの実践哲学の事情を考慮することで、理解することができる。義務とは、道徳的に正当化された、誰もが従うべき客観的行為である。この義務が可能になるためには、行為を正当化する道徳法則が必要であり、だからこそ、格率の「普遍性テスト」という手続きが不可欠になる(cf. IV 434)。この手続きは、先述の通り、客観的な普遍妥当性を保証するものである。したがって、義務が前提される場合に限り、趣味判断の普遍妥当性の要求は可能になるというわけである。その普遍妥当性は、『判断力批判』第四十二節の場合と同様に、道徳法則によって、より正確に言えば、道徳法則を導く手続きによって支持される。

以上見てきたように、『判断力批判』第四十二節および第五十九節には、趣味判断が道徳的要素に基づくとする解釈を支持するコンテクストが存在し、趣味判断の普遍妥当性が客観的な道徳的要素によって保証されるとする解釈には、一定の説得力があるように思われる。

道徳的解釈に基づく趣味判断の正誤

こうした道徳的解釈を採用する場合、趣味判断の正誤とは何に関するものになるのだろうか。道徳的解釈によると、趣味判断の普遍妥当性の要求が、道徳法則による当為や義務の要求に重ねられるので、道徳法則に従う場合には正しい判断が、反する場合には誤った判断が下される。道徳法則に反する場合とは、道徳法則による義務があるにもかかわらず、道徳法則にはなりえない格率の方を採用し、

図2　チングルマの花

行為を帰結させるという事態を意味する。例えば、「嘘の約束をしてはならない」という義務があるにもかかわらず、「利益を得ることができるので、商談では嘘をつく」という格率を採用し、契約を交わす際に嘘の約束をするような場合である。このように、行為を帰結させるうえで、客観的な道徳法則よりも、個人の主観的な格率の方を優先するという事態は「道徳的秩序の転倒」（VI 30）であり、そのような事態からは道徳的な悪が生まれる（cf. VI 21）。逆に、道徳法則に従い義務を履行する場合には、その行為は、純粋に道徳的な価値を持つことになり、そこには道徳的な善さが生まれる。したがって、「正しい趣味判断」が善を反映するのに対して、「誤った趣味判断」は悪を反映する。趣味判断の正誤は道徳的な善悪に対応することになる。

山に登ると、チングルマ（図2）という植物に出会うことがある。一面に咲くチングルマの花はとても美しい。このとき、私は「チングルマの花が美しい」という趣味判断を下している。私は、道中すれちがった登山客に、「どこかに美しい花はありましたか」とたずねられても、チングルマの美しさを独り占めしたいと思い、「いいえ、美しい花などありませんでしたよ」と嘘をつくかもしれない。あるいは、エコテロリストはチングルマを守るために、自然破壊をする人を殺害するかもしれない。そうした行為（嘘をつく、人を殺す）を帰結させる格率を、趣味判断を下すに際して採用しているのなら、そこには道徳的な悪が生じることになる。なぜなら、嘘も殺人も道徳法則が禁じるものだからである。だからこそ、そのような格率を前提する趣味判断は、普遍妥当性の要求のうちに悪への賛同を含み、その意味で誤ったものとなる。逆に、道徳法則に従い、人にたずねられたとしても嘘をつかない、自然破壊をしている人を殺さないとしているのなら、その状況で下された趣味判断は、善に裏打ちされた正しい判断となる。

道徳的解釈の問題

しかしながら、以下に見ていくように、趣味判断の道徳的解釈には致命的な問題が見出される。まず、道徳的解釈からはエリート主義が帰結してしまう。対象の美しさについて正しく趣味判断を下すことができるのは、その判断に先立って、道徳的素養を持つ者、換言すれば、道徳法則を自ら立法し、それに従うことができる者に限られる。道徳的素養を持たない者、とりわけ、何らかの行為を帰結する際に、道徳法則よりも格率を優先し、「道徳的秩序の転倒」を引き起こしてしまう者、つまり道徳的な悪を働く者は、その限りで、美しさにアクセスすることができない。道徳的な悪人には、美しさを言明することが不可能になってしまうのである。しかし、これは明らかに直感に反する。というのも、美しい作品を制作する芸術家が人殺しになることも、逆に人殺しが芸術家になることも、ありうるからである。また、人殺しと言うと仰々しく聞こえるが、道徳法則より格率を優先することはむしろ普通であり、その意味で私たちは往々にして道徳的には悪人である。例えば、道徳法則は「他人に親切にせよ」と命じるが、疲れているときに他者への配慮を欠くことは誰もが一度は経験しているのではないだろうか。道徳的解釈が正しいとすれば、私たちのほとんどは美しさにアクセスできないことになり、アクセスできるのは、一握りの、まさに聖人のような道徳的エリートに限定され、美しさは特権的なものになってしまう。もちろん、この事態は、趣味判断のあり方に反する。趣味判断は、どんな人に対しても普遍妥当性を要求する判断であり、その対象を一部の人に限定しはしない。そもそも、そうした限定をすることになれば、趣味判断の普遍性そのものが成立しなくなってしまう。さらに言えば、趣味判断が一部の人にのみ妥当するという事態は、趣味判断が「党派的 parteilich」（V 205）になることを意味するが、カントは、趣味判断のそのような特徴を明確に否定している。

問題は他にもある。A・チグネルが指摘するように、趣味判断が道徳的要素、つまり道徳的関心を前提するという事態は、無関心性という趣味判断の基本的な特徴に反する（cf. Chignell 2007, p. 421）。第二章第一節で明らかにした通り、カントは、無関心性によって、趣味判断の快の感情を欲求能力とそれに関わる目的および意図とは無関係にすることで、美しさを感覚的な快適さと理性的な善さから独立させた。また、無関心性は、趣味判断の「主観的普遍性」ないし「主観的普遍妥当性」を導くための重要な契機でもあった。こうした事情があるにもかかわらず、趣味判断が道徳的関心を前提するとする道徳的解釈を採用することは、メリット以上にデメリットの方が大きいと言わざるをえない。加えて、道徳的関心を前提した趣味判断は、もはや美的判断などではなく、道徳的・実践的な認識判断になり、純粋な美しさではなく、道徳的な善さに「付着する美しさ」（V 229）が言明されることになってしまう。

道徳的解釈を棄却する

以下では、『判断力批判』第四十二節と第五十九節の再検討を行い、そこには実のところ道徳的解釈を支持する根拠がないことを明らかにする。これにより、道徳的解釈を完全に退ける。

まずは、第四十二節を見ていこう。先に引用した箇所につづいて、そこから導かれるその帰結に注目したい。文言全体を引用しておこう。

> 或る者が、自然の美しさに対して関心を抱くことができるのは、その者が道徳的に善いものに対する自身の関心を前もって十分に樹立している場合に限られる。したがって、自然美が直接に関心を引くような人には、少なくとも善い道徳的心術に向かう素質を推測させる vermuten 理由がある。（V 300-301 強調引用者）

趣味判断が道徳的関心を前提しなければならないのであれば、美しさを言明する者と道徳的素質とは必然的に関係しなければならない。ところが、この引用は、両者の関係が蓋然的であることを示している。

というのも、もし両者に必然的な関係性があるとすれば、「導出」などの論理的表現が用いられるはずであるが、ここでは「推察」という可能性に関わる表現が使用されているからである。両者のあいだには、推し量る以上の必然的な関係は存在しないのである。したがって、第四十二節のこの文脈が示すのは、せいぜいのところ、美しさの趣味判断を下す者には道徳的素養が見出される可能性が高いということにすぎない。よって、この箇所を論拠として、道徳的解釈を支持することは説得力に欠ける。

次に、第五十九節を見ていこう。ここでも、事情は第四十二節の場合と変わらない。先に引用した箇所をもう一度引いておこう。

美しいものは、道徳的に善いものの象徴であり、しかもまた、このこと（つまり、あらゆる人にとって当然であり、あらゆる人が他者に義務として要求する関係）を考慮してのみ、〔美しいものについて〕あらゆる他者の賛同を要求すると同時に、気に入るのである。（V 353）

ここで問題になる美しさと道徳との「象徴」関係とは、いくつかの共有された特徴に従った「類比」に基づく関係である（cf. ibid.）。無関心な快の感情（適意）は、例えば、普遍性という特徴において、道徳に関する快の感情と似ており、そこからの類比によって美しさが道徳を象徴するという関係が形成される。もちろん、この象徴関係は蓋然的なものである。したがって、この文脈が示すのは、美しいものについての普遍妥当性の要求が道徳的要素を前提しなければならないということではない。よって、このコンテクストは、美しさと道徳との関係を象徴関係としては説明するものの、美しさが道徳的要素に基づかねばならないということを支持しはしない。

要するに、第四十二節も第五十九節も、美しさと道徳とのあいだに密接な関係があることを明らかにする一方で、その関係はあくまでも蓋然的なものでしかなく、美しさの趣味判断のために道徳的要素の前提が不可欠であるという解釈を支持してはくれない。このように、『判断力批判』第四十二節および第五十九節は、趣味判断の道徳的解釈の論拠にはなりえないのである。

先に示した問題があることに加えて、道徳的解釈を支持すると考えられていた『判断力批判』の箇所が実際には論拠たりえないことが明らかになった以上、趣味判断の道徳的解釈は棄却されるべきである。美しさは、道徳的な人だけのものではなく、悪人に対しても開かれていなければならない。

よって、趣味判断の正誤が道徳的な善悪によって決定されることもない。ただし、以上の考察は、美しさが道徳的要素を前提しなければならないとする基礎づけ関係を否定するものでしかなく、美しさと道徳との関係そのものを否定するものではない。

第二節　認識的に誤る趣味判断？

趣味判断の認識論的解釈

趣味判断を認識論的観点から解釈する論者には、古くはA・ボイムラー、近年ではコーエン、ジャナウェイ、M・キュプレンなどがあげられる（cf. Bäumler 1915, Janaway 1997, Küplen 2016 etc.）。この解釈は、趣味判断が対象ないし客観を同定する認識（判断）に基づくと理解し、趣味判断の普遍妥当性の要求も、認識に関わる客観的な要素によって保証されると主張する。認識論的解釈（ジャナウェイの解釈）は、すでに第一章第三節において否定されてはいるが、以下では、趣味判断の正誤を考えるために改めてこの解釈を検討し、それがやはり棄却されねばならないことを示す。

さて、コーエンによれば、「趣味判断においてさえ、何らかの概念であるところの『論理的主語』が存在すると想定することは非合理ではなく」（Cohen 1990, pp. 141-142）、「Xは美しい」という趣味判断において、Xを悟性概念の使用によって論理的主語Aとして同定することは可能である。さらに、コーエンは、この点を強調することで、趣味判断を「このAであるところのXは美しい」という形式に定式化する（cf. ibid., p. 143）。つまり、趣味判断には主語Xを同定する「XはAである」という認識判断が前提され、趣味判断は認識判断に依存した判断になる。コーエン以外にも、例えば、キュプレンは、こうした特徴を考慮して、趣味判断とは、対象Xが概念的に規定されることを待ってからはじめて下される、対象同定の認識に依存した「二次的な判断」(Küplen 2016, p. 70) であると理解する。これらの解釈は、カント自身が趣味判断の主語として「バラ」(V 215) や「チューリップ」(V 285) をあげている点からも支持される。

こうした認識論的解釈では、趣味判断の普遍妥当性の要求は認識の側から保証される。コーエンによると、「このAであるところのXは美しい」という趣味判断において、XをAとして同定するために使用される概念は、個々の主観が経験的に獲得した悟性概念であるので、二人の主観がともにXをAとして認識していても、その内実には差異が生じるという。これは、Aに関する二人の意味の獲得の違いとも言える。コーエンは、そうした違いが、趣味判断を下す主観の心的状態の形成に直接影響し、それによって生み出される快の感情の差異、そして、趣味判断そのものの差異として帰結すると理解する (cf. Cohen 1990, p. 144)。趣味判断、より正確には、その根拠である快の感情の成立は、対象を同定するための概念使用を下敷きにしている。ところで、ここで使用される概念は、その獲得過程についてこそ差異はあれど、或る特定のものに関わるという点ではやはり他者の概念と一致するので、その概念に関わるすべてのものに対して必然的に妥当する。この事態は「客観的普遍妥当的」(V 215) と形容されたものであるる。したがって、悟性概念の使用が、私たちの心的状態の形成、および、快の感情の生成の根底にあるとするなら、心的状態と快の感情はともに、概念の客観的普遍妥当性に与ることができる。よって、趣味判断の普遍妥当性の要求は、認識のために使用される悟性概念の客観的普遍妥当性によって保証されるのである。

認識論的解釈に基づく趣味判断の正誤

以上の認識論的解釈に基づいて、趣味判断の正誤を考えていきたい。ここで、花のように見える対象Xについて、私と友人が趣味判断を下す場面を取り上げてみよう。人生で花に触れる機会がほとんどなかった私は、Xを、花と見なすと同時に、花弁の形や色に関する不正確な概念に従って、バラに同定し、「この（バラとしての）花であるところのXは美しい」という趣味判断を下した。一方、植物学者である友人は、Xを、花と見なすと同時に、研究を通じて獲得した正確な概念に従って、Xがバラに似た形や色の花を持つ球根ベゴニア（図3）であると看破し、それを球根ベゴニアに同定した。そのため、友人は、「この（球根ベゴニアとしての）花であるところのXは美しい」という趣味判断を下した。私も友人も、自分の趣味判断にあらゆる他者が賛同すべきであると普遍妥当性を要求するが、友人の要求が正当であるのに対して、私の要求は不当なものになる。なぜなら、Xがバラではなく球根ベゴニアである限

図3　球根ベゴニア

り、友人の要求が対象同定の真なる認識を含意するのとは対照的に、私の要求は、偽なる認識を含意するからである。ここでは、経験的に獲得された悟性概念の使用に基づく認識の真偽が、趣味判断の要求の正当／不当を決定しており、この正当／不当こそが趣味判断の正誤に対応すると考えられる。

ただし、断っておくと、偽なる認識は、不正確に獲得された概念の使用にのみ由来するわけではない。正確な概念を獲得していても、その使用が誤っているなら、偽なる認識判断が下される。球根ベゴニアを熟知している友人でさえ、例えば、運転をしている車内から対象Xを一瞬しか見ることができない状況では、その対象を誤ってバラに同定してしまい、そうした偽なる認識を前提した趣味判断を下すことはありうる。この場合も、趣味判断は、偽なる認識を反映した要求を行う点で、やはり不当であり、それゆえに、誤っている。

以上のように、認識論的解釈に従うと、趣味判断の正誤は、概念の使用に基づく対象認識（判断）の真偽に対応することになる。

認識論的解釈を棄却する

しかし、やはり認識論的解釈には致命的な問題が見出される。以下では、それらを順に見ていき、そのうえで認識論的解釈を棄却する。

第一に、認識論的解釈からは、道徳的解釈の場合と同様に、エリート主義が帰結してしまう。すなわち、「正しい趣味判断」を下し、普遍妥当性を要求することができるのは、対象についての正確な悟性概念を獲得し、正しく使用し、真なる認識を成立させることができる研究者を始めとする知的なエリートに限られてしまう。十分な教育が受けられなかった者や、障害などで知識や概念を正しく使用できない者、いずれにせよ偽なる認識判断を下す者は、美しさにアクセスすることができない。この理解もやはり直感に反する。なぜなら、私たちは、対象が何であるのかを認識していないにもかかわらず、趣味判断を下し、その評価を他者と共有することがあるからである。例えば、私と植物学者の友人が、登山の道すがら新種の花のように見える対象に出会い、それが何であるのかわからないままに、互いがそれを美しいと言い、それについて納得するということはありうる。このとき、趣味判断を下す者が知的なエリートであるかどうかは、決定的な要素ではないし、それどころか、対象を同定する認識は必要とさえされていない。加えて言えば、知的なエリート主義も、道徳的なエリート主義と同じく、趣味判断が「党派的」(V 205)ではないとするカントの規定に反する。

第二に、認識論的解釈によると、快の感情も美しさも、概念的なものになってしまう。快の感情を生み出す心的状態が悟性概念の使用を前提に形成されることになれば、快の感情も、それを根拠に言明される美しさも、概念的にならざるをえない。ところが、カントは、そうした事態を明確に否定している。たしかに、「善さに関する適意」(V 207)は、「目的の概念」(ibid.)に基づいて対象が気に入られる際に生じる感情なので、概念的な感情である。しかし、カントは、善さに関する適意を除いて、「諸概念からの快/不快の感情への移行は存在しない」(V 211)としており、美しさを言明するための感情が概念的になる事態を否定している。さらに、カントは、「美しさは、客観に関する概念ではない」(V 290)とも述べており、美しさが概念的となる事態も否定している。悟性概念に規定された快の感情に基づいて美しさを言明するのなら、その判断は、もはや美的判断ではなく、論理的な認識判断となってしまい、美しさも論理的性質になってしまうからである。

第三に、例えば、「これは美しい」のような、対象を同定する認識を含まない趣味判断の普遍妥当性は、認識論的解釈によっては保証されないままになってしまう。認識論的解釈は、この問題を回避するために、趣味判断が認識（判断）を必ず前提することを論証しなければならない。しかし、趣味判断には、認識を前提とする必然性がないので（第一章第三節を参照）、それは不可能である。それゆえ、認識論的解釈においては、普遍妥当性が保証されるのは、一部の趣味判断に限られる。これでは、趣味判断の妥当性の要求を保証したことにはならない。

第四に、趣味判断が要求する普遍妥当性、つまり「主観的普遍性」ないし「主観的普遍妥当性」は、悟性概念の客観的普遍妥当性によっては保証されえない。たしかに、カントは、客観的に普遍妥当的な判断は、主観的にも普遍妥当的であるとし（cf. V 215）、客観的普遍妥当性は主観的普遍妥当性を含意するとしている。この点を強調すれば、客観的普遍妥当性によって、それが含意する主観的普遍妥当性を保証することはできるように思われる。しかし、問題は、趣味判断が普遍妥当性を「要求 Anspruch」（212）するという点にある。趣味判断の普遍妥当性が悟性概念によって保証されるということは、その妥当性が客観的なものになるということを意味する。趣味判断は、認識判断と同様に、あらゆる人に必然的に妥当する判断になる。すると、趣味判断の普遍妥当性の要求は無意味なものになってしまう。なぜなら、「要求」は、そもそも叶わない場合を前提としてなされるものであるにもかかわらず、ここでは、要求がつねにすでに叶ってしまっているからである。最初から叶っているものをわざわざ要求する人はいない。

よって、趣味判断の主観的普遍妥当性を、客観的な仕方で保証することはできないのである。この批判は、認識論的解釈のみならず、道徳的な客観的要素によって趣味判断の普遍妥当性の保証を試みる道徳的解釈にもあてはまる。

これだけの問題がある以上、趣味判断の認識論的解釈は棄却されるべきである。したがって、趣味判断の正誤が認識（判断）の真偽によって決定されることもない。ただし、以上の考察はやはり、趣味判断と認識判断の関係そのものを否定するものではない。第一章第三節で確認した通り、「或るものは美しい」という趣味判断（「評価的部分」）と「これはPである」という認識判断（「記述的部分」）は関係することができる。だからこそ、私たちは「このPは美しい」という具体的な対象に関する趣味判断を下せるわけである。

第三節　情感的に誤る趣味判断？

情感的解釈と趣味判断の正誤

まずは、情感的解釈を概観していこう。この解釈は、道徳および認識に関わる要素を導入する先の二つの解釈とは異なり、趣味判断を成立させる前提や根拠として、感情以外の要素を認めない。趣味判断とは、認識も道徳も前提することのない、感情にのみ基づいた情感的〔美的〕な判断である。これは、カントによる趣味判断の定義をそのまま反映した、オーソドックスな解釈である。「趣味判断とは、認識判断、それゆえに、論理的判断ではなく、その規定根拠が主観的である以外にはありえないとされる情感的〔美的〕な判断なのである。」(V 203)

ところで、既述の通り、快の感情には、美しさの趣味判断の根拠になる無関心な快の感情以外にも、「快適さに関する適意」(V 205)と「善さに関する適意」(V 207)という別種の感情が存在する。それゆえ、私たちは、美しさの趣味判断を下すにあたり、無関心な快の感情を適切に意識ないし選択する必要がある。別の快の感情を選択してしまえば、美しさではない性質を言明することになってしまう。つまり、私たちは、快の感情の選択について誤る可能性を持っているのである。そして、快の感情の適切な選択に失敗することが、「誤った趣味判断」を下す事態に帰結すると考えられる。

この解釈は、「誤った趣味判断」に関するカント自身の次の言明によって支持される。

> 趣味判断を下していると信じる者は、快適さと善さに属するあらゆるものと、その者に残っている適意〔＝無関心な快〕との区分を意識するだけで、〔正しい〕趣味判断を下していると確信することができる。これが、その者があらゆる人からの賛同を期待することのすべてであり、つまりは、その者がこれらの条件に反してしばしば誤り、それによって誤った趣味判断を下すことがなければ、それらの条件のもとで正当化されるであろう要求である。(V 216)

私たちは、趣味判断を規定する根拠が、別種の快の感情ではなく、無関心な快の感情であると意識するからこそ、適切な仕方で、美しさの趣味判断を下していると確信することができる。そして、それにより、「あらゆる人からの賛同を期待すること」、つまりは、普遍妥当性を要求することができる。ここでは、まさに無関心な快の感情を意識することが、美しさの趣味判断を下す条件として理解されている。判断を下す際の意識において無関心な快の感情を選び出すことができて、はじめて「正しい趣味判断」を下すことができるのである。

したがって、この条件に反して、私たちが判断を規定する根拠として無関心ではない別種の快の感情を意識し、選択する場合には、「誤った趣味判断」が下され、それによる普遍妥当性の要求も不可能になる。つまり、「誤った趣味判断」とは、無関心ではない快の感情が根拠として選ばれた判断に他ならない。

快の感情の種類を考慮すると、趣味判断が誤るのは、二通りに区別できる。第一に、例えば、心地のいい鳥の鳴き声を美しいと言明する場合のように、「快適さに関する適意」に基づいて何かが美しいと言明する事態である。このとき、たしかに「この鳥の鳴き声は美しい」という判断を下すことになるので、一見すると対象の美しさが言明されているかのように見える。しかし、実際に下されているのは、心地よさという快適さに基づいた「この鳥の鳴き声は（心地よさをもたらすので）美しい」という、快適さに関する判断にすぎない。そして、この判断を通じて普遍妥当性を要求するなら、その要求は不当なものにならざるをえない。というのも、快適さという快の感情は、他者とは共有されえない個人的なものだからである。

第二に、例えば、颯爽と駆けていく馬を美しいと言明する場合のように、「善さに関する適意」に基づいて何かを美しいと言明する事態があげられる。このときも、たしかに「この馬は美しい」という判断を下すことになるので、対象の美しさが言明されているかのように見える。けれども、やはり実際には、馬の足の速さに道具としての善さを見出し、その善さに関する適意に基づいて、「この馬は（乗り物として有用であるので）美しい」という、善さに関する判断を下しているにすぎない。この判断は、対象の善さを規定する「目的の概念」に基づく客観的な認識判断（この場合は、有用性に関わる技巧的・実践的な認識判断）であるゆえに、その概念に関わるすべてのものに対して必然的に妥当する。しかし、そうなれば、先に見たように妥当性を「要求すること」それ自体が無意味になってしまう。

このように、根拠となる快の感情を選び違えてしまった結果として、趣味判断は二通りの仕方で誤ったものになる。それでは、こうした「誤った趣味判断」に対して、「正しい趣味判断」とは何であるのか。それはもちろん、無関心な快の感情に基づく判断である。したがって、美しさの趣味判断の正誤は、私たちが判断の根拠を選ぶ際に、快の感情、つまり無関心な快の感情を適切に選択するか、別種の快の感情、つまり無関心なもの以外の快の感情を不適切に選択するかによって決定される。情感的解釈によれば、趣味判断の正誤は感情の選択の正誤に対応する。

情感的解釈の問題

さて、趣味判断の正誤は、道徳的解釈では善悪、認識論的解釈では真偽に対応するものとして理解された。これらの解釈の強みは、善悪を評価する構造の客観的要素（道徳法則と道徳的関心を導く手続き）に基づいて、または、真偽を決定する構造の客観的要素（悟性概念とその使用）に基づいて、客観的な仕方で趣味判断の正誤を定めることができるという点にある。換言すれば、これらの解釈では、趣味判断の正誤が独断的なものになることはありえない。ただし、この強みは、趣味判断を客観的なものにしてしまうという先に見た問題を生じさせてしまう点で致命的な弱みでもある。

これに対して、趣味判断の正誤を情感的観点から考える場合には、趣味判断の正誤が、単に主観的な仕方で、独断的に決定されてしまうという問題が生じてしまう。私たちの意識は、内官（心的状態を感覚する器官）に基づいて「情感的」であるか、概念に基づいて「知的」であるかのいずれかであるので（cf. V 218）、感情の選択に関わる意識は、情感的に他ならない。そのため、その意識に基づく自身の趣味判断が正しいとする確信は、客観的に裏づけられるものなどではなく、単に主観的で、独断的になる可能性がある。そうなれば、主観の思い込みによって、趣味判断は、正しくなることも、誤ることもできてしまう。このように正誤が独断的に決定されるのであれば、それはもはや正誤の意味をなさないのではないだろうか。

この問題はさらに、独断論、より正確には、独我論（エゴイズム）の問題へと深刻化する（cf. Cohen 1990, p. 139）。他者が存在しなくとも、私一人の単に主観的な選択さえあれば、趣味判断の正誤を決定することができるからである。対象が美しいか、美しくないかを判定するためには、他者など不要であり、私だけがそれを決めれば、何が美しく、何が美しくないかを決められるという事態である。これは、あらゆる他者を前提しなければならない普遍妥当性の要求が不可能になるという致命的な問題を引き起こすとともに、「趣味判断は、独我論的 egoistisch なものではなく、その内的本性からして、〔……〕必然的に多元的なものとして見なされなければならない」（V 278）とするカントによる趣味判断の定義にも反してしまう。

問題へ応答する

こうした問題が生じるからといって、コーエンのように他の解釈を採用することはできない。他の解釈がうまくいかないことは、すでに明らかである。これに対して、情感的解釈では、無関心な快の感情を選択する意識が、他者との関係を前提・反映することを論証できさえすれば、上記の問題を乗り越えることができる。

そこで、次のカントの言明に着目しよう。

> 誰かが、或るものについて、それに関する適意〔＝快の感情〕がその者自身にあって無関心であると意識する場合、そう意識する者は、その或るものを次のようにしか判定することができない。すなわち、その或るものがあらゆる人に対する適意の根拠を含むに違いない、と。というのも da、そうした適意は、主観の何らかの傾向性〔……〕に基づきはせず、判断する者は、自らが対象に捧げる適意に関して、自身が完全に自由であると感じるので、その者は、その適意の根拠として、自身の主観のみが依拠するようないかなる個人的条件をも見つけだすことができず、それゆえに、その適意

が、他のどんな人にあっても前提されうるもののうちで基礎づけられると見なさなければならないからである。（V 211 強調引用者）

この文言のうち、「というのも」から始まる理由に注目したい。「そうした適意」とは、無関心な適意であり、「その者」とは、「或るものに関する適意がその者自身にあって無関心であると意識する」者である。そのような意識を持つ者は、無関心な快の感情の根拠として、自分にとっての個人的な根拠ではなく、あらゆる人に前提可能な根拠を見出す必要がある。なぜなら、そこで意識される快の感情は、無関心であるという点で、快適さに関する適意（関心）という単に主観的で個人的な感情、および、それを生じさせる傾向性という個人的な欲求能力を排除していなくてはならないからである。要するに、或る対象について快の感情が無関心であると意識する者は、あらゆる人に前提可能なものによって快の感情が根拠づけられていると見なさざるをえず、だからこそ、無関心な快の感情は、あらゆる人を対象とした普遍妥当的なものになる。よって、無関心な快の感情を別種の快の感情から区別的に選択する私たちの意識は、少なくとも個人的ではなく、その意味で独断論ないし独我論を脱している。

とはいえ、「他のどんな人にあっても前提されうるもの」とは何なのだろうか。すでに見たように、無関心な快の感情を生み出す根拠とは、構想力と悟性の「調和」という心的状態である。「調和」は、「認識一般」の成立のために合目的的に活動する認識能力の連関であり、そうした認識的に合目的的な活動のゆえに、無関心な快の感情が生み出されるのである（第二章第二節を参照）。このように、「調和」は、認識が成立するための条件でもあり、この点からは、「調和」という心的状態がいかなる人にあっても前提されうるものであることが帰結する。認識とはあらゆる人に伝達・共有しうるものである以上、その条件である「調和」も同様に、普遍的に（あらゆる人に）伝達・共有可能でなくてはならない。したがって、「他のどんな人にあっても前提されうるもの」とは、快の感情を生み出す源泉であると同時に、「認識一般」の条件であり、それゆえにこそ、あらゆる人に伝達・共有されうる「調和」という心的状態に他ならない。

さらにここでは、カントの次の文言にも注目しておきたい。

すべての人間にあって、この能力〔＝趣味〕の主観的諸条件、つまりその能力のうちで認識一般のために活動状態に置かれている認識諸能力の連関にあたるものが、一様であるということは、さもなければ人間が自らの諸表象と認識さえも伝達できないであろうから、真でなければならない。（V 290）

「認識一般」を成立可能にする「調和」という構想力と悟性の連関は、人間が認識を営む限りにおいて、すべての人にあって一様、つまり同じでなくてはならない。私たちは、認識という営みを行う限り、その認識を成立させるために同様の心的状態を持たなければならない。この一様性ないし同型性こそが、「調和」があらゆる人に伝達・共有されうる事態の支えになっている。この点からも、「調和」が、「他のどんな人にあっても前提されうるもの」であることがわかる。

さて、ここでとりわけ強調すべきは、「調和」がいかなる人間にあっても一様であるという点である。或る対象について感じる快の感情が無関心なものであると意識する者は、その快の感情が、他のすべての人においても同様の「調和」という心的状態から生み出されると見なさざるをえず、その者の意識には、他者との同型性が必然的に前提される。すなわち、無関心な快の感情を選択する意識には、他者との関係が不可欠なのである。したがって、そのような意識を通じて自らが下す趣味判断の正しさを確信することも、個人的な思い込みにはならない。それゆえ、ここでは、趣味判断の正誤が独断的なものになることも、正誤に関する独断論ないし独我論が生じることもない。こうして、情感的解釈に指摘された問題は解決された。

以上をまとめよう。情感的解釈によると、趣味判断の正誤は次のように説明される。まず、「正しい趣味判断」が下されるのは、私たちが、無関心な快の感情を判断の規定根拠として意識し、選択する場合である。このとき、私たちはそうした快の感情の源泉である「調和」をも意識せざるをえない。ところで、「調和」は、「認識一般」の条件である点で、認識を営むいかなる人にあっても一様であり、その同型性は、そこから生み出される快の感情にも、そしてそれを選択する意識にも反映される。そのため、「正しい趣味判断」は、独断的ではない仕方で、普遍妥当性を要求することができる。これに対して、「誤った趣味判断」が下されるのは、私たちが、無関心な快の感情とは別種の快の感情、つまりは、関心を伴った快の感情を判断の規定根拠として意識し、選ぶ場合である。「誤った趣味判断」も、「このXが美しい」という見た目を取るので、一見すると趣味判断であるかのように見えるものの、実際には、対象の快適さを言明する判断、あるいは、善さを言明する判断のいずれかになる。そして、だからこそ、それらの判断を通じて要求される普遍妥当性は、不当（快適さを言明する判断の場合）になるか、無意味（善さを言明する判断の場合）になる。

要するに、情感的解釈に照らせば、趣味判断の正誤は快の感情の選択によって決定される。無関心な快の感情が選択されれば、趣味判断は正しくなり、それ以外の別種の快の感情が選択されれば、趣味判断は誤るのである。ここでの正誤は、たしかに道徳的観点や認識論的観点から解釈される場合のように、客観的な仕方でこそ定められはしないが、あらゆる他者との関係を前提するゆえに、独断的、独我論的なものにはならない。

おわりに

本章では、趣味判断の正誤を、道徳的観点、認識論的観点、情感的観点という三つの観点から考察した。趣味判断の正誤は、道徳的観点からすると道徳的な善悪に対応し、認識論的観点からすると対象認識の真偽に対応するものとして理解された。しかし、どちらの観点による趣味判断の解釈も、その問題のゆえに棄却された。

これに対して、情感的観点からの応答には、独断論ないし独我論の問題が指摘されてはいたが、その問題を解決することができた。『判断力批判』のテクストにも情感的観点を取ることを支持する論拠があることをも考慮すると、この観点による応答が最も説得的であると言える。

情感的観点による応答に照らすと、趣味判断の正誤は、快の感情の選択に依存する。「正しい趣味判断」とは、無関心な快の感情が判断の規定根拠として適切に選択された判断であり、「誤った趣味判断」とは、関心を伴った快の感情が判断の規定根拠として不適切にも選択された判断である。したがって、「誤った趣味判断」とは、美しさの趣味判断の見た目をしていながらも、実態としては、快適さに関する適意、ないしは、善さに関する適意に基づいて、対象の快適さ、ないしは、その善さを言明する判断ということになる。

以上から、本書第二部において醜さの趣味判断を考察するにあたり、重要なヒントが得られた。「誤った趣味判断」は対象の醜さを言明する趣味判断ではないのである。趣味判断の正誤は、論理的な認識判断の正誤が真偽に、道徳的・実践的な認識判断の正誤が善悪に対応するのとは異なり、美醜には対応しない。

それでは、醜さの趣味判断とはいかなる判断であるのだろうか。私たちはいかにして対象を醜いと判定することができるのであろうか。第二部では、醜さの趣味判断の解明へと進んで行く。

第二部　醜さの趣味判断の解明

第一部では、美しさの趣味判断がいかなる判断であるのかを、判断の構造、判断の根拠になる快の感情、そして、その源泉を分析することで明らかにした。この第二部では、そうした第一部の成果を踏まえたうえで、いよいよ、本書の主題である、醜さの趣味判断がいかなる判断であるのか、また、純粋な醜さとは何であるのかを明らかにしていきたい。

第四章　醜さの趣味判断に関する先行研究と問題

醜さの趣味判断については、その絶対量は少ないものの、先行研究によって、すでに一定の文脈が形成されており、そこには、おさえるべき要点と解決しなければならない問題点を見出すことができる。醜さの趣味判断の本格的な解明に入る前に、本章では、既存の主要な先行研究と、醜さの趣味判断をめぐる論争や問題を網羅的に確認し、次章からの解明に備えたい。

はじめに

本章では、醜さの趣味判断を考察・解明するための準備として、代表的な先行研究を網羅的に概観し、醜さの趣味判断を説明するにあたり解決すべき問題と従うべき要点を抽出する。

序章の第三節、第四節でも触れたように、『判断力批判』における醜さの趣味判断に関連する研究は、本格的に着手されたのが一九九〇年代後半と比較的新しく、主に英語圏において展開されてきた。それらの先行研究は、おおよそ次の三つの立場に分類される。第一に、醜さの趣味判断が可能であるとする立場（C・ヴェンツェル、S・マコーネル、キュプレンなど）、第二に、醜さの趣味判断は不可能であるとする立場（A・シアー、G・トムソンなど）、第三に、醜さの趣味判断は不可能ではあるが、醜さ自体は趣味判断以外の判断によって言明されうるとする立場（ガイヤー、西村清和など）である。本章では、醜さの趣味判断の不可能性を主張する解釈者たちが提起した主要な問題と、可能性を主張する解釈者たちの応答を考察することで、解決しなければならない問題をおさえるとともに、既存の応答の不備を明らかにする。

まず、第一節では、『判断力批判』以外のカントのテクストも用いて、『判断力批判』において醜さの趣味判断を説明するための基本的な方法を確認する（この方法については序章第四節でも触れている）。次に、第二節では、醜さの趣味判断をめぐる議論の端緒とも言えるシアーによる問題提起とそれに対するいくつかの応答を外観し、解決すべき問題を洗い出す。つづいて、第三節、第四節では、ガイヤー、トムソンの問題提起を考察し、解決すべき課題をよりいっそう明確にする。

第一節　醜さの趣味判断へのアプローチ

カントの美醜の理解

カントは、『判断力批判』において、醜さと美しさとの関係については一切説明せず、醜さについてもほんの少しの言及（cf. V 312）を残しただけだった。そのため、カントが美醜についていかなる理解を持っていたのかを知るためには、他のテクストをあたる必要がある。そして、幸運なことに、講義録や覚書には美醜についての理解を確認することができる。

まずは、覚書から見ていこう。一七六五年から一七九五（六）年に書かれたとされる論理学に関する覚書には、「美しい＋、美しくない（無味乾燥の trocken）0、醜い－」（XVI 166/R 1946）という記述がある。また、一七八九年から一七九三年に書かれたとされる人間学に関する覚書には、「美しい、普通の alltägig、醜い」（XV 296/R 669）という記述が存在する。この二つの記述からは、カントが少なくとも『判断力批判』が出版された一七九〇年前後において、「美しさ」、「醜さ」、「中立」という三つの区分を設けていたということがわかる。

さらに注目したいのが、前者の覚書において、美しさに「＋」、醜さに「－」が対応させられている点である。カントにおいて「＋」、「－」と言えば、「哲学への負量概念の導入」（1763）という論文が思い起こされる。ヴェンツェルの指摘も踏まえながら（cf. Wenzel 1999, pp. 417-418）、問題の覚書の箇所を理解するために、この論文を参照してみよう。「哲学への負量概念の導入」によると、負量「－」とは、正量「＋」の欠如ではなく、正量がその存立に積極的な根拠を要するのと同様に、積極的根拠を必要とする。「＋」、「－」は、それぞれが固有の根拠を持った反対なのである（cf. II 174）。その後、カントがこの理解を改めた痕跡は見当たらないので、美醜は、次のような関係にあると言える。すなわち、美醜は、どちらかがどちらかの欠如になるのではなく、それぞれが自らに固有の積極的根拠を持つ反対概念である。さらに言えば、無味乾燥の「美しくない nichtschön」という事態は、0に対応させられる点で、美しさの欠如であると同時に醜さの欠如でもある。要するに、カントは、それぞれが積極的な根拠を持つ美醜という反対概念と、それらの欠如としての中立という三つの区分を設けていたのである。

ここで重要なのは、醜さが、美しさの欠如ではなく、それ自身固有の積極的な根拠のうえに成立する、美しさの反対概念であるということである。美しさが純粋である限り、その反対の醜さも純粋なものになるはずである。この醜さこそが、本書が主題とする、自らに固有の根拠を持ち、純粋な美しさに対置される純粋な醜さである。もちろん、問題となるのは、この醜さがどのように言明されるのか、そして、いかなるものであるのかという点である。

さて、カントの先の理解は、講義録にも確認することができる。例えば、『フィリッピ論理学』（1772）には、「不足という美的な不完全性は、何かが欠けているということであるため、無味乾燥なものである。したがって、醜さは、積極的なものである。すなわち、醜さは、美しさの単なる不在ではなく、美しさに反するものの現実存在である」（XXIV 364）という記述がある。ここでも、醜さは、欠如としての無味乾燥（中立）なものからは区別され、美しさの反対に、しかも積極的なものとして位置づけられている。

以上を考慮するなら、『判断力批判』のカントも、美醜をそれぞれが固有の積極的根拠を持つ反対の美的性質として、そして、美醜の欠如を無味乾燥な中立として理解していたと考えられる。

醜さの趣味判断を説明する方法

そのため、『判断力批判』では、美しさの趣味判断との類比によって、醜さの趣味判断を説明することが可能になる。すなわち、美しさの趣味判断が快の感情に基づく判断であるのだから、その反対である醜さの趣味判断は、不快の感情に基づくと類推することができる。

ところで、先に引用した「美しい、普通の alltägig、醜い」（XV 296/R 669）という記述の直前には、「快：

A、無関心：無non、不快：－A」(ibid.) という文言がある。快は「美しい」に、不快は「醜い」に明らかに対応させられている。ここには、「快と美しさ」、「不快と醜さ」という組み合わせを確認することができる。しかも、「A」と「－A」という正負が割りあてられるので、二つの組みは、まさに反対の組み合わせになる。こうした覚書に確認される事態も、美しさの趣味判断が快の感情に基づくのだから、醜さの趣味判断は不快の感情に基づくとする類推を支持してくれる。

したがって、純粋な醜さを考えるうえで最も重要になるのは、醜さの趣味判断の根拠となる不快の感情とはいかなるものであり、いかにして生み出されるのかを説明することである。これについても、不快の感情が美しさの趣味判断の根拠である快の感情と反対の感情になることを踏まえれば、次のような類推が可能となる。すなわち、快の感情が構想力と悟性の「調和」という心的状態から生み出されるのだから、不快の感情は、「調和」の反対である認識能力の「不調和」という心的状態から生み出されると類推することができるのである。

よって、『判断力批判』において醜さの趣味判断を説明するためには、美しさの趣味判断との類比に基づいて、不快の感情を規定根拠とする判断を明らかにすればよい。こうしたアプローチは、覚書、講義録、論文を背景として、他の解釈者にも支持されており、その点で本書のオリジナルではない。むしろ、本書のオリジナリティは、「不調和」とはいかなる心的状態であるのか、そこからはいかにして不快の感情が生み出されるのか、についての解釈である。

本書では、このようなアプローチを採用して醜さの趣味判断の説明を試みるが、まず以下では、代表的な先行研究の考察を通じて、今後解消しなければならないいくつかの問題を明確にしよう。

第二節　醜さの趣味判断についての論争

シアーの問題提起

シアーの解釈によれば、趣味判断は、第一に、客観を規定する諸概念とは独立に下されなければならず、第二に、主観的な普遍妥当性を有していなければならない（cf. Shier 1998, p. 413）。この二つの特徴を持つ趣味判断には、「趣味判断は、客観的概念から独立に下されるにもかかわらず、いかにして普遍妥当的であるのか」という問題が生じる。カント自身にとっても、この問題は『判断力批判』における最大の課題の一つであった。カントの解決に従うと、趣味判断は、あらゆる人に前提・伝達・共有されうる心的状態、つまり「調和」という心的状態に依拠するからこそ、客観的概念に依ることなしに普遍性に与ることができる。「調和」が、なぜそのように普遍的であるのかと言えば、それが普遍的に伝達可能な「認識一般」のための主観的条件であるという点で、認識と同様の普遍性を有するからである。

さて、対象の醜さを言明する判断が「趣味」判断であるのなら、美しさの趣味判断と同様に、先の二つの特徴を持たなければならないと、シアーは言う（cf. ibid., p. 414）。すなわち、醜さの趣味判断も、普遍伝達可能な心的状態に基づくゆえに、主観的に普遍妥当的な判断でなければならないというわけである。ところで、「認識一般のために必要とされるのは、認識諸能力が互いに合致していなくてはならないという事態、つまりは、諸能力が調和していなくてはならないという事態である」（ibid., p. 416 強調引用者）。そのため、醜さの趣味判断も、「調和」という心的状態に基づくことによって、はじめて普遍妥当的でありうる。

シアーは、ここにこそ問題があると指摘する。「こうした調和的な自由な戯れがつねに快をもたらすものであるとカントが考えていたことは、疑う余地がない」(ibid., p. 417)。それゆえ、醜さの趣味判断が「調和」に基づくなら、この判断は「調和」から生じる快の感情によって規定され、美しさの趣味判断になってしまう。これは明らかな矛盾である。しかし他方で、醜さの判断が「調和」に基づかないのであれば、その判断は、普遍妥当的ではない単なる個人的な判断になってしまう。いずれにせよ、醜さの趣味判断は、成立不可能になる。

こうしたシアーの問題提起に応えるには、「調和」以外にも、普遍的に伝達可能な（あらゆる人に前提・伝達・共有されうる）心的状態があること、そして、そこからは快の感情ではない感情が生み出されることを論証しなければならない。それができれば、その判断は、客観的概念に依らないにもかかわらず主観的に普遍妥当的であるという、シアーが考える趣味判断の特徴を持つことになり、まさに趣味判断として、対象の醜さを言明することになる。ここで、前節で確認したアプローチを踏まえるなら、シアーの問題提起を乗り越えるためにしなくてはならないのは、構想力と悟性の「不調和」が「調和」と同様に普遍的に伝達可能であること、そして、そこからは不快の感情が生み出されることを論証することになる。

以下では、シアーの問題提起に対する応答の候補になりうる、ヴェンツェル、H・ハドソン（ハドソン自身は、シアーの解釈を意識してはいないが）、マコーネルの解釈を順に見ていく。

ヴェンツェルの解釈

ヴェンツェルは、シアーの論文が発表された翌年、それに直接応答する形で、醜さの趣味判断が可能であると主張した。

ヴェンツェルは、「認識一般と関連する心的状態は、認識の主観的条件であるゆえに、調和的な自由な戯れという状態以外にはありえない」(ibid, p. 416, Wenzel 1999, p. 421 強調著者)というシアーの問題提起の根底にある理解を疑い、それを論駁するために、「認識一般に関連する心的状態」のうちに、認識判断を下す際の心的状態と、趣味判断を下す際の心的状態という区別を導入した。前者を、対象を客観的概念によって規定し、客観的な認識を導く「認識的状態」(Wenzel 1999, p. 421)とし、後者を、対象の形式が認識に適しているかどうかを反省し、快／不快の感情を導く「情感的 aesthetic 状態」(ibid., p. 421)とした。

「情感的状態」は、認識と関わりはするものの、認識を導かない点で、「認識一般」を可能にする条件ではない。したがって、「認識一般と関連する心的状態は、認識の主観的条件であるゆえに、調和的な自由な戯れという状態以外にはありえない」というシアーの理解の理由部分は否定され、「認識一般と関連する心的状態」が「調和」でなければならないという帰結は導かれない。これにより、シアーの批判は論駁されるという。これは、「認識一般と関連する心的状態」の一種である「情感的状態」が構想力と悟性の「調和」でなくてもよいということであり、ここに、ヴェンツェルは「情感的状態」が「不調和」になりうる余地を見出す。

それでは、ヴェンツェルは、「不調和」をどのように説明するのか。「情感的状態」が「調和」の状態である場合、「私たちは、認識の可能性に関する対象の形式について〔心的状態を〕反省し、その形式が認識一般に適切であると見なす」(ibid., p. 422)。この反省は、「調和」という心的状態に照らして、対象の形式が「認識一般」のために合目的的であると見なすことであり、それには快の感情が伴われる。これに対して、「不調和」は、「調和」とは対照的な事態として説明される。すなわち、「情感的状態」が「不調和」である場合、私たちは、反省を通じて、「対象の形式が認識一般に不適切であると見なす」(ibid.)。この反省は、「不調和」という心的状態に照らして、対象の形式が認識に相応しくなく、それどころか抵抗にさえなると見なすこと、つまりは、対象の形式が「認識一般」にとって「否定的に合目的的」(ibid., p. 421) であると見なすことであり、それには不快の感情が伴われる。また、「情感的状態」は、たしかに「認識一般」の条件ではないが、「認識一般に関わっている」(ibid., p. 422) 限りで、普遍的に伝達可能であるという。それゆえ、「不調和」も、「調和」と同様に、普遍的に伝達可能であり、それに伴われる不快の感情もやはり普遍的になる。

したがって、「不調和」から生じる不快の感情を根拠として醜さが言明される場合、その判断は、美しさの趣味判断と同様に、客観的概念に基づくことなく主観的に普遍妥当的であり、まさに醜さの趣味判断になるというわけである。

ヴェンツェルの解釈の問題点

ヴェンツェルの解釈は、シアーの問題提起を乗り越え、醜さの趣味判断をうまく説明できているように見えるが、キュプレンに従えば、そこには二つの致命的な問題が見出される（cf. Küplen 2016, p. 20）。

第一に、「認識一般に関わる」というだけでは、心的状態が普遍的に（あらゆる人に）伝達されうることを保証することができない。『判断力批判』第九節では、心的状態の「普遍伝達可能性」が次のように論証されていた。


趣味判断における表象様式の主観的な普遍伝達可能性は、〔客観に関して〕規定された概念を前提することなく起こるので、（それが認識一般に不可欠な仕方で、互いに合致する限りでの）構想力と悟性の自由な戯れという心的状態以外の何ものでもありえないが、それは、私たちが次のことを意識するからである。すなわち、認識一般に適したその主観的連関が、主観的条件としてのそうした連関につねに依拠するすべての規定された認識と同様に、あらゆる人に妥当し、したがって、普遍的に伝達可能でなくてはならない、ということである。（V 217-218）

構想力と悟性から構成される心的状態が普遍伝達可能でありうるのは、それが認識にとって不可欠な主観的条件であるからであり、「認識に関わる」だけでは不十分なのである。したがって、ヴェンツェルの解釈では、「情感的状態」が認識の条件でないとされる点で、こうしたカントの論証に従っておらず、そうした心的状態の「普遍伝達可能性」は保証されえない。

第二に、ヴェンツェルによる不快の感情の説明は、カントの不快の定義に反する。『判断力批判』第十節において、カントは、不快を次のように説明する。

不快とは、さまざまな表象の状態を、その反対へと規定する（表象を遠ざけたり、除去したりする）根拠を含むところの表象である。（V 220）

不快とは、何かの状態を反対に変化させる根拠を含む表れである。例えば、道端で引かれた動物の遺体を見たとき、私たちは不快に感じる。その際、私たちは、動物から注意をそらし、目を背ける。その遺体には、それへと視線を向けた者に目を背けさせる、つまり「反対へと規定する（表象を遠ざけたり、除去したりする）根拠」が含まれており、それによって私たちは不快を感じるわけである。日常でも、「目もあてられないもの」は総じて私たちを不快にさせる。不快の本質は、向けられた注意を反転させる点にある。

ヴェンツェルの解釈によると、不快の感情が生じるのは、何らかの対象を見た私たちの心のうちで構想力と悟性とが「不調和」の状態になり、そうした心的状態が反省されることを通じて対象の形式が「認識一般」にとって不適切であると見なされる場合である。このとき、認識能力は、「不調和」の状態にあるにもかかわらず、「どちらにとっても合目的的な仕方で連関し、それゆえに、認識一般にとって合目的的なものとして見なされる関係において、互いを強化し合う」（Wenzel 1999, p. 421）とされる。つまり、認識能力は、「不調和」の状態にありながらも、自らの目的を忘れずに、合目的的に連関する。これが、「否定的な合目的性」（ibid., p. 421）と呼ばれる事態である。このように、ヴェンツェルは合目的性によって不快を説明する。

しかしながら、そうなると、不快が感じられる対象は、合目的的な対象でもあることになる。私たちは、不快を感じているにもかかわらず、その対象に満足を感じることにもなってしまう。これは、明らかな矛盾であり、カントの説明にも、私たちの素朴な理解にも反する。よって、ヴェンツェルの不快の感情の説明は説得的なものであるとは言いがたい。

ここまで、キュプレンの見立てに従って、ヴェンツェルの解釈の問題点を確認してきたが、ヴェンツェルの「不調和」の解釈には、さらにもう一つ問題が見出される。ヴェンツェルによると、「不調和」は認識判断の成立を阻害するが（cf. ibid.）、既述のように、「認識一般」には認識判断も含められる。そのため、ヴェンツェルが解釈する「不調和」は、「認識一般」を目的とするにもかかわらず、認識を害するという自己矛盾に陥ってしまう。

ヴェンツェルのシアーへの応答は、たしかに多くの示唆を与えてはくれるが、失敗に終わっていると言わざるをえない。

ハドソンの解釈

次に、ハドソンの解釈を見ていこう。

ハドソンは、「調和の一般的連関が認識一般の必然的条件である」（Hudson 1991, p. 99）と理解したうえで、『判断力批判』第二十一節における「認識諸能力のこの調和〔＝「認識一般」のための「調和」〕は、与えられた客観の差異に応じて異なった比率を持つ」（V 238）という言明を頼りに、「認識一般」を成立させるための条件である「一般的連関」を、認識判断と趣味判断という二つの判断に対応した認識能力の比率に照らして、次のように特殊化した。

悟性と構想力との比率、つまり独自の連関は、二つの認識諸能力の調和の特殊な段階である。判断が認識〔判断〕であるとき、調和は、与えられた直観の、規定的な悟性概念のもとへの包摂の機能にあたる一定の比率によって構成される。こうした規定的な概念を含む比率は、認識対象の異なる種類との出会いに応じて変化する。それに対して、判断が（反省的）趣味判断であるとき、調和は、規定的な悟性概念を必要としない比率によって構成される。この比率は、直観の能力を概念の能力のもとへと包摂させる。そして、この〔＝後者の〕比率は、美しさに関する判断における主観的合目的性についての連関であるか、あるいは、醜さに関する判断の主観的反contra目的性についての連関であるかのいずれかである。（Hudson 1991, p. 99）

「調和の一般的連関」は、構想力と悟性が連関する比率によって、認識判断のためのものと、趣味判断のためのものとに特殊化され、さらに後者は、美しさのためのものと、醜さのためのものとに区別される。『判断力批判』第十二節において「調和」が主観的合目的性と関係づけられる点から、ここでの「主観的合目的についての連関」が、「認識一般」の成立を目的とした認識能力の「調和」であるということは明らかである（cf. V 222）。これに対して、「醜さに関する判断の主観的反目的性についての連関」とはいかなるものであるのか。

ハドソンは、「主観的反目的性」について、次のように説明する。

醜さに関する趣味判断が問題となる際、普遍的な嫌悪と結びつき、（反省的）趣味判断を促すものは、対象の単なる形式の現れにおける主観的な反目的性、すなわち、「あたかも対象が、悟性とともに働く構想力を挫折させ frustrate ようと意図しているかのような」事態である。（Hudson 1991, p. 93）

「主観的反目的性についての連関」とは、「調和」と同様に、概念を欠いた構想力と悟性の連関であるものの、構想力が機能を発揮できない連関である。この連関は、二つの能力が合目的的に調和している「調和の最高の段階」（ibid., p. 100）である「主観的合目的性についての連関」とは対照的に、能力が十分には調和していない「調和の最低の段階」（ibid.）に位置づけられる。ハドソンは、後者の連関を、「調和の最高の段階」を欠いた「調和しない discordant 調和」（ibid.）と呼び、「不調和」として理解する。

さらに、ハドソンは、『判断力批判』第五十二節の「理性の判断において反目的的である心の調和を意識することによって、心が、自分自身に不満足となり、不機嫌になる」（V 326）という文言に従い、「主観的反目的性についての連関」からは、嫌悪や不快などの否定的な感情が生じると説明する。

要するに、趣味判断のための構想力と悟性の連関は、「調和の最高の段階」にあたる合目的的な連関と、「調和の最低の段階」にあたる反目的的な連関とに区別され、前者は、快の感情を生じさせる点で美しさの趣味判断を、後者は、不快の感情を生じさせる点で醜さの趣味判断のための連関となる。

それでは、ハドソンが解釈する「不調和」は「普遍伝達可能性」を持つことができるのだろうか。「調和の一般的連関」は、「認識一般の必然的条件」であるので、「認識一般」と同様に、普遍的に伝達可能である。それゆえ、この連関が特殊化されたいずれの調和の段階もまた、普遍伝達可能でなくてはならない。もちろん、「不調和」として理解された「主観的反目的性についての連関」も、先に見たように、「調和の特殊な段階」である。したがって、「不調和」は普遍的に伝達可能なものであり、そこから生じる不快の感情も「普遍伝達可能性」を有する。

以上の「不調和」という心的状態、そして、不快の感情に基づく醜さの判断は、客観的概念に基づかないにもかかわらず主観的に普遍妥当的であり、だからこそ、シアーが定めた趣味判断の特徴に照らして、醜さの趣味判断となる。ハドソンの解釈は、シアーの批判が登場する以前のものではあるものの、シアーの批判への応答になると考えられる。この点で、シアーは、ハドソンの解釈を理解したうえで、醜さの趣味判断に対する批判を展開すべきであった。

ハドソンの解釈の問題点

しかし、ハドソンの解釈にも、いくつかの問題が見出される。

ここでも、まずはキュプレンの指摘を参考にしよう（cf. Küplen 2016, pp. 21-22)。キュプレンによると、「調和の一般的連関」が普遍的に伝達可能であることにより、そこから特殊化されるすべての「調和の特殊な段階」に「普遍伝達可能性」を確保しようとする方法は奇妙な事態を帰結させるという。「調和の一般的連関」が普遍伝達可能であるのは、それが「認識一般の必然的条件」であるからである。この連関と同様に、すべての「調和の特殊な段階」が普遍伝達可能であると言うのなら、特殊な段階はみな、「認識一般の必然的条件」でなくてはならない。よって、「主観的合目的性」、「主観的反目的性」いずれについての連関も「認識一般の必然的条件」となる。

しかしながら、そうなると、「認識一般」の成立には、それらの連関から生じる快／不快の感情が必然的に伴われることになり、私たちは、認識を行う際にはいつでも、快ないし不快を感じずにはいられなくなってしまう。例えば、「水分子は、二つの水素分子と一つの酸素分子から構成される」という科学的な認識にも、快か不快の感情が必ず伴われることになり、だからこそ、美しさないし醜さが表象されてしまう。これは、直感に反する奇妙な事態である。したがって、こうした奇妙な事態をまねくハドソンの解釈は誤っており、「不調和」（「主観的反目的性についての連関」）の普遍伝達可能性の確保にも失敗していると言わざるをえない。ただし、このキュプレンの批判には、第二章第三節で問題とした情感的意識と知的意識の区別によって応答できると予想される。

さらに、ハドソンの解釈には、キュプレンが指摘するよりもより致命的な問題が存在する。それは、「主観的反目的性」に関わる問題である。「主観的反目的性」は、『あたかも対象が、悟性とともに働く構想力を挫折させ frustrate ようと意図しているかのような』事態」として説明された。ここで「あたかも as if」と言われるのは、実際に対象がそうした意図を持つわけではなく、何らかの対象に出会った私たちが、構想力が機能不全に陥っている心的状態に照らして、その対象が構想力を機能させないよう意図していると見なすからである。ハドソンのこの説明は、あたかも対象が認識能力の「調和」（「調和の最高の段階」）に合致する意図を持っているかのような事態を表す「主観的合目的性」との類比に基づくものである。

さて、「主観的合目的性」では、対象が認識能力の目的に適合していると見なされる一方で、「主観的反目的性」では、対象がそうした目的に適合していない、それどころか、構想力を挫折させる意図を持ち、認識能力の目的を頓挫させるものであると見なされる。認識能力の目的とは何かと言えば、もちろん認識を成立させることなので、「主観的反目的性」は、主観が何らかの認識を持ちえないという事態を帰結させる。より正確に言えば、私たちの心的状態において構想力が機能不全（イメージを立てられない）になり、認識が成立不可能になる事態を帰結させる。それにもかかわらず、ハドソンは、「主観的反目的性についての連関」は、「認識一般」の必然的条件としての「調和の特殊な段階」に位置づけられるとする。これは、どう見ても矛盾である。説明するまでもないが、「主観的反目的性についての連関」は、認識の条件であるにもかかわらず、認識が不可能になる事態を導いてしまうからである。

ところで、認識能力がその成立を目的とする認識とは、客観（対象）を規定する客観的認識（判断）に限定されない「認識一般」、つまり普遍的に（あらゆる人に）伝達可能なすべての認識、あるいは、認識に関わる表象であった（第二章第二節を参照）。そうした認識には、「普遍伝達可能性」を特徴とする趣味判断も当然含められる。それゆえ、「主観的反目的性についての連関」は、醜さの趣味判断を成立させる連関であるにもかかわらず、趣味判断を成立させることができない。これも矛盾であり、趣味判断の解釈にとっては致命的である。

これらの問題から、ハドソンの解釈がうまくいっていないことは明らかであり、ハドソンの解釈を用いてシアーの問題提起へ応答したとしても、成功する見込みはない。

マコーネルの解釈

最後に、マコーネルによる解釈を見ていこう。

マコーネルは、ハドソンおよびヴェンツェルの解釈を失敗させた原因が、構想力と悟性の「不調和」という考え方にあるとし、「不調和」の概念を解釈に取り入れなかった。マコーネルは、認識能力の「不調和」ではなく、むしろ「調和」から不快の感情と醜さの趣味判断を説明しようと試みた。

マコーネルによると、「調和」から生じる快は「連続したもの continuum」(McConnell 2008, p. 218) であり、快の感情には「スケール」が存在する。このスケールが最大になるところには端的な快の感情が、最小になるところには不快の感情が、そして両者の中間には中立 indfference が位置づけられる。このスケールを決定するのは、対象の差異に応じて段階的に差異化された「調和」である。出会った対象の違いによって、私たちの心的状態は、段階的に区別された「調和」の状態になり、そこからはスケールの違う快の感情が生み出されるというわけである。マコーネルも、『判断力批判』第二十一節における「認識諸能力のこの調和〔=「認識一般」のための「調和」〕は、与えられた客観の差異に応じて異なった比率を持つ」(V 238) という文言に基づいて、「調和」には段階があるという解釈を導き出した。

構想力と悟性が最もよい比率で連関する場合、その連関は最高の段階にある「調和」となり、最大のスケールの快の感情、つまり端的な快の感情を生み出す。これに対して、認識能力が最も悪い比率で連関する場合、その連関は最低の段階にある「調和」となり、最小のスケールの快の感情を生み出す。最小のスケールの快の感情は、「劣ったlesser快、つまり不快の感情」(McConnell 2008, p. 221) となる。認識能力の比率を決定するのは、客観の差異である。客観（対象）が異なれば、それに対峙する私たちの抱く心的状態も異なってくるというわけである。端的な快の感情は美しさの判断を、劣った快、つまり不快の感情は醜さの判断を成立させる（cf. ibid.）。

この解釈は、そもそも「不調和」の概念を必要とはしない。それゆえ、ここでは、「不調和」の「普遍伝達可能性」を論証などせずとも、不快の感情には「普遍伝達可能性」が保証される。不快の感情は、端的な快の感情と同様に、「認識一般」のための「調和」によって生み出されるからである。

したがって、マコーネルが解釈する不快の感情に基づく醜さの判断は、客観的概念に基づかないにもかかわらず主観的に普遍妥当的であり、それゆえに趣味判断となる。このように、マコーネルの解釈は、シアーの問題提起に応答することができており、さらに、「不調和」の概念を用いない点で、ヴェンツェルやハドソンに見られた問題が生じる余地もない。一見すると、最善の解釈であるように見える。

マコーネルの解釈の問題点

しかし、マコーネルの解釈にも、やはり問題が見出される。ここでも、キュプレンの指摘を参考にしよう（cf. Küplen 2016, p. 24）。

マコーネルが説明する不快の感情は、カントの定義にも、私たちの日常的な直感にも反するのではないだろうか。カントによると、認識能力の「調和」が快の感情を生み出すことができるのは、「調和」の原因性、つまり「認識一般」を目的とした合目的性が快の感情として現れるからであった（第二章第二節を参照)。つまり、「調和」は、いかなる段階においても合目的性に基づく。そうしなければ、「認識一般」のための「調和」自体が成り立たなくなるからである。それゆえ、いずれの段階にある「調和」からも快の感情が生み出される。マコーネルも、「調和」の諸段階からはスケールの違う快の感情が生じると理解している。

問題は、マコーネルが、最小のスケールにある快の感情を不快の感情として説明する点にある。この解釈には、ヴェンツェルによる不快の感情の解釈に指摘されたのと同様の問題が見出される。カントにおいて、不快とは、対象に対する注意をそらさせ、目を背けさせる感情であるにもかかわらず、マコーネルの説明では、不快の感情が、「調和」による快の感情の一種、つまり劣った快の感情になるため、むしろこの感情は、「認識一般」を成立させるという目的を意識させ、対象に対する注意を維持してしまう。マコーネルによる不快の感情の解釈は、カントによる不快の感情の定義とは、まったく正反対になってしまうのである。

さらに言えば、快の感情の一種が不快の感情であるという事態は、そもそも私たちの直感に反する。同じ感情が、快であるとともに、不快であるという事態は非常に奇妙である。最小のスケールにある快は、不快の感情などではなく、単に程度の低い快の感情ではないのではないか。

あるいは、本来得られると期待していた快の感情よりも少ない快の感情しか得られなかったとき、そのような劣った快に対して不満を抱くことはありうる。そして、その不満から不快の感情が生み出されることも十分に考えられる。マコーネルの解釈がこうした事態を現しているとすれば、快の感情に基づく不快の感情の説明も理解することができるかもしれない。しかし、この場合、不快の感情は、つねに比較的な感情でしかなく、端的な不快の感情というものは不可能になる。ここで思い出したいのは、カントが、純粋な美醜いずれにも固有の積極的根拠があるとしていた点である。たしかに、最大のスケールの快の感情は美しさの積極的根拠と言えるが、それと比較された最小のスケールの快としての不快の感情は、快の感情との関係から消極的に規定された感情である点で積極的な根拠にはなりえない。それゆえ、マコーネルが解釈した不快の感情では、カントが理解する純粋な醜さを説明することはできないのである。

こうした問題があることを踏まえれば、マコーネルのシアーへの応答も失敗していると言わざるをえない。

本書が解決すべき課題

ここまで、醜さの趣味判断の不可能性を指摘するシアーの問題提起と、それへの応答になりうるいくつかの解釈を見てきた。

シアーによれば、「普遍伝達可能性」を有する心的状態は、認識能力の「調和」（「自由な戯れ」）以外には存在しない。この「調和」だけが「認識一般」を可能にする条件であるからである。そして、「調和」から生み出される感情は快の感情でしかないので、普遍伝達可能な心的状態に由来する不快の感情はありえない。したがって、不快の感情に基づいて対象の醜さを言明したとしても、その判断に「普遍的伝達可能性」はなく、趣味判断にはならない。

こうしたシアーの問題提起に対しては、二通りの応答がなされていた。第一に、ヴェンツェルやハドソンのように、「不調和」の概念に基づいて、不快の感情を説明する立場であり、第二に、マコーネルのように、「不調和」の概念を捨て、「調和」に基づいて、それによる快を不快の感情として説明する立場である。しかし、カントが快の感情を不快の感情の反対として定義する点や、快の感情を不快と見なすことが直感に抵触してしまう点を考慮すると、後者の立場を支持することはできない。

しかし、前者の立場を採用し、シアーの問題提起に応答するためには、「不調和」が「調和」と同様に、「認識一般」との関係において普遍的に伝達可能であることを論証し、「不調和」から不快の感情が導かれることを説明する必要がある。それには、カントが心的状態に「普遍伝達可能性」を保証する方法に従い、「不調和」を「認識一般」のための条件として理解しなければならない。ヴェンツェルは、この方法を取らなかったので、「不調和」に「普遍伝達可能性」を確保することができなかった。ただし、「不調和」を「認識一般」のための条件として理解する場合には、それを、認識能力の否定的に合目的的な連関や反目的的な連関として解釈してはならない。「不調和」に否定的に合目的的、あるいは、反目的的な性格を認めることになれば、「不調和」の状態にある認識能力は、「認識一般」の不成立を導くことになり、「認識一般」のための条件であることが不可能になってしまうからである。ヴェンツェルもハドソンも、「不調和」をそのような仕方で捉えたがために、認識や判断の不成立という問題的事態を引き起こしてしまった。それゆえ、「不調和」を「認識一般」のための条件として理解するには、構想力と悟性の連関を、あくまでも合目的的な連関として解釈する必要がある。

しかしながら、他方で、シアーやキュプレンに従うなら、合目的的な連関から生み出される感情は、快の感情でしかないので、不快の感情が生じるあり方を、合目的的な連関として解釈された「不調和」の概念によって説明することは不可能なように思われる。たしかに、カントは、「認識諸能力の戯れのうちの単なる形式的合目的性の意識は、快そのものである」(V 222) と述べているが、これは、合目的性を意識すると快の感情になるということにすぎず、合目的的な連関から快の感情だけが導かれるということを必ずしも意味しない。したがって、認識能力の合目的的な連関であっても、不快の感情を生み出す何らかの根拠を持ってさえすれば、それが不快の感情として意識されることは可能であると考えられる。

以上を踏まえると、本書が解決すべき課題が見えてくる。その課題とは、第一に、認識能力の「不調和」を「認識一般」のための合目的的な連関の一種として解釈し、その「普遍伝達可能性」を保証すること、第二に、そのように解釈された「不調和」のうちに内在する不快の感情を導く根拠を明らかにし、普遍伝達可能な不快の感情を説明することである。ただし、これらの課題を遂行する際には、その課題に関連する以下の問題点をクリアしなければならない。

まず、第一の課題について言えば、認識能力の「調和」と「不調和」を「認識一般」のための条件として理解する場合には、認識に快／不快の感情および美しさ／醜さが伴われるという、直感に反する事態が生じない理由を説明しなければならない。快の感情と美しさが認識に伴われない理由は、第二章第三節においてすでに説明してあるが、不快の感情と醜さについては改めて論じる必要がある。次に、第二の課題については、「不調和」から生み出される不快の感情がカントの定義（或る状態を反対に変化させるもの）に適っていることを説明しなければならない。これらの説明ができなければ、先行研究と同じ失敗を繰り返すことになってしまう。

第三節　認識論的観点からの問題提起

ガイヤーの問題提起

シアーの問題提起が、『判断力批判』に代表されるカント美学に内在したものであったのに対して、ガイヤーの問題提起は、『純粋理性批判』における認識論の観点に基づく。ガイヤーによると、醜さの趣味判断を説明する「不調和」の概念は、カントの認識論によって排除されるという。つまり、「不調和」と認識は同時に成り立たないというわけである。

さて、『純粋理性批判』を踏まえたガイヤーの理解に従えば、私たちが何らかの対象を認識する場合、そこでのいかなる表象も、私の統覚、つまり超越論的統一のうちにあり、そうした表象には「私は考える」が伴われる。これは、認識に関わるいかなる表象も私の意識下にあるということを意味する。意識が成り立つためには、「一つ以上の悟性のカテゴリーないし純粋概念を表象に適用することが必要であるが、悟性の純粋概念は実際のところ規定的な経験的概念の形式以外の何ものでもないので、〔……〕カテゴリーを私の表象に属するすべての対象に適用するためには、対象すべてに規定的な経験的概念を適用することがさらに必要となる」(Guyer 2005, p.6)。つまり、認識に伴われる私の意識の成立には経験的概念の適用が欠かせない。

例えば、「これはリンゴである」という認識を考えてみよう。この認識が認識として統一されているのは、私の意識が伴われているからである。リンゴは私の意識下にある。そのように意識するためには、リンゴに実体のカテゴリーを適用するなど、表象に悟性の諸カテゴリーを適用する必要がある。しかし、カテゴリーは対象を直接規定する経験的概念（ここならリンゴの概念）の形式でしかないので、実体のカテゴリーをリンゴに適用するためには、リンゴの経験的概念を対象に適用することが不可欠になる。それゆえ、リンゴの経験的概念を適用していなければ、実体のカテゴリーをリンゴに適用したことにはならず、リンゴを私の意識下に置くことも、「これはリンゴである」という認識がその意識において統一されることもない。

ガイヤーによると、経験的概念を対象に適用するためには、感性的直観の多様（感性を通じて与えられた直観の多様な表象）を総合する「構想力」と、総合された多様に経験的概念を適用する「悟性」との「調和」が必要となる。表象を意識し、対象を認識するためには、「調和」が必ず必要になる（cf. ibid.）。ここで、認識能力の「不調和」がありうるとすれば、経験的概念を対象に適用することも、認識に関する表象を意識することも、もちろん認識そのものも不可能になってしまう。ここから、ガイヤーは、「構想力と悟性の不調和という結果になる私たちの認識諸能力の自由な戯れは、［……］論理的には不可能ではないが、人間の意識に関するカントの基礎理論において、認識論的には不可能である」（ibid.）と結論づける。ガイヤーは、醜さの趣味判断が「不調和」に基づいて説明される可能性を認識論的観点から否定する。

とはいえ、ガイヤーは、醜さに関わるすべての判断を否定するわけではない。ガイヤーによると、対象の醜さを言明する判断は、「不調和」によるものとは異なる不快の感情によって可能になるという。その不快とは、第一に、感覚（味、食感、音など）に由来する不快、つまり不快適さであり、第二に、道徳的基準の逸脱から生じる不快、つまり悪に関わる道徳的不快であり、第三に、本来の目的に適っていないことから生じる不快、つまり非有用性に関わる不快である（cf. ibid., pp. 11-16）。これらの不快に基づく判断は、感覚的な判断か実践的な判断のいずれかとなる。ガイヤーは、醜さの趣味判断を否定するものの、いくつかの否定的感情を頼りに、趣味判断とは異なる仕方で醜さが言明されることを示した[13]。

ガイヤーの解釈の問題点

しかしながら、ガイヤーによる問題提起は、以下の点で正確性を欠く。ガイヤーは、認識能力の「調和」が、対象認識に、より正確に言えば、認識に関わる意識にとって不可欠であると主張することで、「不調和」を排除した。このとき、「調和」は、経験的概念を対象に適用するための認識能力の連関として理解されているが、『判断力批判』では、客観を規定する概念が関わるこうした「調和」は「客観的調和」（V 241）と呼ばれ、趣味判断のための「調和」としての「主観的調和」（ibid.）から厳密に区別される。ガイヤーは、趣味判断のための「不調和」が不可能であることを論証するという目的のために、本来なら、「主観的調和」が認識およびそれに関する意識にとって不可欠であると論じなければならなかっ

[13] 西村も、ガイヤーに従い、醜さに関する趣味判断はありえないが、醜さに関する非趣味判断は可能であると理解する（cf. 西村 2011, pp. 262-264）。

たにもかかわらず、「客観的調和」に依拠する方法によって「不調和」を排除しようと試みていることになる。この点において、ガイヤーの問題提起が正確であるとは言いがたい。

とはいえ、「客観的調和」は「主観的調和」を前提するので、ガイヤーの論証には問題があるにしても、その要点そのものは維持される。つまり、認識能力の「調和」が成立せずに、「不調和」の状態に陥るなら、認識およびそれに関する意識が不可能になってしまうという論点は、なおも有効であると思われる。この点を乗り越えるためには、「不調和」を導入したとしても、認識とそれに関わる意識が成立しうることを示さなければならない。この問題は、「不調和」を「認識一般」のための連関として解釈するという前節の最後で示した課題の遂行を通じて、解決されるはずである。

第四節　道徳論的観点からの問題提起

トムソンの問題提起

醜さの趣味判断に対して、シアーが美学的観点から、ガイヤーが認識論的観点から問題を提起したのに対して、トムソンの問題提起は、言うなれば道徳論的観点に基づく。

序論で見たように、カントは、「自然哲学としての理論哲学」（V 171）と「道徳哲学としての実践哲学」

(ibid.) とのあいだに、国境のような決定的な隔たりが存在すると見る。というのも、理論哲学と実践哲学はそれぞれ「自然概念」(ibid.) と「自由概念」(ibid.) というまったく異なる概念に基づき、それらの二つの概念のあいだには「計り知れないほどの裂け目」(V 175) が存在するからである。それにもかかわらず、カントは、自由概念の領域が自然概念の領域へと影響を及ぼすべきとする (cf. V 176)。というのも、そうでなければ、私たちは自然 (現象) 界において道徳的行為を行うことができなってしまうからである。

それでは、いかにして二つの領域は、その間に「計り知れないほどの裂け目」が存在するにもかかわらず、関係することができるのだろうか。カントは、二つの領域を媒介するもの示すことで、この問題の解決を試みた。その媒介とは、「自然の合目的性」(V 197) の概念である。「自然の合目的性」は、自然が合目的性という原因性に基づき合目的的なものであるという事態を表すので、カントは、この事態のうちで自由概念と自然概念とが接続可能になると考えたのである。

トムソンは、醜さの趣味判断が可能になるとすれば、そのような「自然の合目的性」が維持できなくなり、それゆえに、道徳が自然 (現象) のうちで実現不可能に、つまりは、私たちが道徳的行為を実際に行うことができなくなってしまうと指摘する。これにより醜さの趣味判断の不可能性を主張した。トムソンによると、カントにおける美醜は、次のように説明される。

美しさは、自然が判断のア・プリオリな原理に一致していると感じられる場合に生じると、カントは私たちに説明する。これに対して、醜さは、自然が判断の前提 [=原理] と不調和の状態にあると

知覚される場合に生じるはずである。（Thomson 1992, p. 107）

ここでの「ア・プリオリな原理」ないし「前提」は、自然が目的や意図を持つもの、合目的的なものであると、私たちに見なさせる原理、つまり「自然の合目的性」の原理として理解される（cf. ibid., pp. 110-111）。自然をそのように見なすことは、あたかも自然が、自由概念に属する「超感性的なものを表現する偉大な芸術作品」（ibid., p. 110）であるかのように見なすことでもある。それゆえ、「自然の合目的性」は自然概念と自由概念との接続を可能にするとされる。この原理に一致して自然界を見るとき、「私たちは、世界のなかに道徳性の現象化の可能性があると見なし、そのうえで世界を美しいと見なすのである」（ibid., p. 112）。

逆に、自然界を醜いと見なすためには、自然が「自然の合目的性」と「不調和」の状態にあると知覚する必要がある。この場合、醜いと見なされた自然界の一部は「自然の合目的性」に一致しなくなる。そうなると、その一部においては、自然と自由の接続が不可能になり、道徳性も現象化されえない。つまり、その領域においては、私たちは道徳的に行為することができなくなってしまうのである。私たちは、自然を醜いと判断する限り、醜い自然の領域において道徳とは無関係になり、一切の道徳的責任から解放される。いや、より正確に言えば、責任を負うこと自体ができなくなる。これは、道徳法則が一部の人間の行為に対して無効になることを意味する。

要するに、醜さは、道徳を自然界から部分的に締め出し、本来すべての人間に無条件に妥当しなければならない道徳法則を制限してしまう。制限された道徳法則というものはもはや道徳法則ではない。よって、道徳（法則）を認めるカントにおいて醜さの趣味判断は不可能でなければならないというわけである。

トムソンの問題提起の要点は、醜さの言明のためには「自然の合目的性」が維持されえないという点にある。この問題を解決するためには、醜さの趣味判断にとっても「自然の合目的性」の原理が前提されることを示す必要がある。この課題も、認識能力の「不調和」を合目的的な連関として解釈するという、本章第三節で示した第一の課題の遂行を通じて解決されるはずである。というのも、「不調和」という心的状態が合目的的な連関として解釈され、それに基づいて自然の醜さを言明するのであれば、そうした言明を行う判断は、「自然の合目的性」を判断の原理として前提しなければならなくなるからである。

おわりに

本章では、醜さの趣味判断を説明するための基本的な方法・アプローチを確認したうえで、代表的な先行研究を概観し、醜さの趣味判断を説明するにあたり従うべき要点と解決しなければならない問題を抽出した。

以下の章では、対象の醜さを、認識能力の「不調和」から生み出される不快の感情を根拠に言明する判断を、醜さに関する趣味判断として説明することを試みるが、こうしたアプローチを用いる際には、次の二つの主要課題をクリアする必要がある。

（一）構想力と悟性の「不調和」という心的状態を、「調和」と同様に、「認識一般」のための合目的的な連関の一種として解釈し、「不調和」に、「調和」と同じく「普遍伝達可能性」を保証する。

（二）「不調和」のうちに不快の感情を生み出す根拠があることを明らかにし、普遍伝達可能な不快の感情を説明する。

さらに、これらの主要課題には、次の課題が伴われる。

（一－一）「不調和」が成立したとしても、認識および認識に関わる意識が成立可能であることを示す。

（一－二）「不調和」も、「調和」と同様に、「自然の合目的性」という原理を前提することを示す。

（一－三）「不調和」が「認識一般」のための条件と解釈される場合であっても、そこから成立する認識には、不快の感情および醜さが伴われないことを示す。

（二－一）「不調和」から生み出される不快の感情が、或る状態を反対に変化させる性質を持ち、カントの定義に従っていることを示す。

次章では、「不調和」と不快の感情の解釈を展開するとともに、それらの課題の達成を試みる。

第五章　不快の感情とはいかなる感情なのか？

本章からは、いよいよ純粋な醜さの解明に進んでいきたい。そのためにまずもって重要になるのが、やはり醜さを言明する趣味判断の根拠、つまり不快の感情の探究である。不快の感情とは、いかなる感情であり、どこから、いかにして生み出されるのだろうか。本章では、これらの問いに答えながら、不快の感情にせまっていく。得られた解釈は果たして前章で確認した諸課題をクリアすることができるのであろうか。

はじめに

「このバラは美しい」という美しさの趣味判断を下すことができるのは、私たちの趣味が、バラについて感じた快の感情に基づいて、そのバラを美しいと判定するからである。ただし、快の感情はバラに由来するものではない。バラを見るとき、私たちの心のなかでは構想力と悟性という認識能力が合目的的に働き、「調和」という心的状態が形成される。この「調和」の状態によって生み出されるのが快の感情である。また、そこで生み出される快の感情は、無関心、つまり欲望や欲求に関わらない快の感情なので、この快に基づいて判定される美しさは善さや快適さから独立した純粋なものになる（第二章第二節を参照）。

純粋な美しさの趣味判断の構造を踏まえると、純粋な醜さを言明する趣味判断を、次のような構造を持つ判断として類推的に説明することができる。私たちが「その絵は醜い」という趣味判断を下すことができるのは、趣味が、絵について感じた不快の感情に基づいて、その絵を醜いと判定するからである。不快の感情は、絵を鑑賞する私たちの、構想力と悟性の「不調和」という心的状態から生じるものであり、欲望や欲求に関わることはない。この不快の感情によって判定される醜さは、悪や不快適さ（気持ち悪さ）から独立した純粋なものになる。

以下では、醜さの趣味判断の要である不快の感情がいかなる感情であるのかを明らかにしていくが、とくに問題が集中する認識能力の「不調和」に注目し、「不調和」がいかなる心的状態であるのか、また、そこからはいかにして不快の感情が生み出されるのかを考察する。その際には、「不調和」とそれによる不快の感情が客観に関する概念に依らずに「普遍伝達可能性」を持ちうることを論証するなど、前章で指摘された諸課題を解決しなければならない。

まず、第一節では、「不調和」という心的状態の解明を行う。次に、第二節では、「不調和」から不快の感情が生み出されるあり方を示し、不快の感情がいかなる感情であるのかを明らかにする。最後に、第三節では、本書の解釈によって諸課題が達成されたことを確認する。

第一節　構想力と悟性の「不調和」とはいかなる心的状態か？

構想力と悟性の「調和」と快の感情

まずは、構想力と悟性の「調和」がいかなる心的状態であったのかを、快の感情との関係から、いま一度確認しておこう。「調和」は、構想力と悟性の「自由な戯れ」とも言われる心的状態であり、この状態が意識されたものが快の感情であった。なぜこの状態の意識が快の感情になるのかと言えば、「調和」が、「認識一般」の成立を目的として合目的的に働く連関だからである。そこでの主観の状態維持および意図の遂行こそが快の感情の直接の原因である。要するに、「調和」とは、構想力と悟性とが「認識一般」の成立を目的とした連関であり、その合目的的なあり方が快の感情を生み出すのである。私たちが、何か対象に対峙したとき、「調和」を心に抱き、それを情感的に意識すれば、その対象について快が感じ取られることになり、この感情こそが美しさの趣味判断の根拠となる。

「調和」から生み出される快の感情は、すでに見たように、以下の特徴を備える。第一に、無関心である。というのも、快の感情の源泉である「調和」は、認識能力から構成されるので、関心を生じさせる欲求能力（意志と傾向性）および目的、意図と一切関係しないからである。第二に、「主観的普遍性」ないし「普遍伝達可能性」を有する。というのも、快の感情を生み出す「調和」は、あらゆる人に伝達されうる「認識一般」の条件として、「認識一般」と同じく、普遍伝達可能なものだからである。

構想力と悟性の「比率」

さて、不快の感情は、快の感情が構想力と悟性の「調和」から生み出されるように、「不調和」から生み出されると考えられる。しかし、そもそも「不調和」とはいかなる心的状態なのだろうか。

まずもって、「不調和」を、構想力と悟性とによる、否定的に合目的的な、あるいは、反目的的な連関として捉える解釈が失敗することは、すでに見た通りである（第四章第二節を参照）。そこで、以下では、「不調和」を、あくまでも合目的的な連関の一種として解釈する。そのために注目するのが、「調和」を形成する構想力と悟性の「比率」である（ハドソンとマコーネルも、この点に注目していた）。カントは、この「比率」について次のように述べている。

認識諸能力のこの調和〔＝「認識一般」のための「調和」〕は、与えられた客観の差異に応じて異なった比率 Proportion を持つ。しかし、それにもかかわらず、（他方の認識能力を通じた一方の能力の）活気づきに関わる内的な連関が〔……〕認識一般を意図した両心的能力にとって最適となる比率が存在しなくてはならない。この調和は、（諸概念に従ってではなく）感情を通じて以外には規定されえない。（V 238）

「認識一般」の成立を目的とした合目的的な連関である「調和」には、構想力と悟性が最適な比率にあるものと、最適な比率にないものという区別が存在する。前者は、感情として規定される場合、美しさの趣味判断の根拠になる「必然的な適意〔＝普遍的な適意〕」（V 240）、つまり無関心な快の感情となる。それゆえ、認識能力が最適な比率にある「調和」とは、「自由な戯れ」としての「調和」に他ならない。これに対して、構想力と悟性が最適な比率にはない「調和」とはいかなるものなのか。そもそもここでの比率の違いは何に由来するのだろうか。

以下では、「調和」をなす構想力と悟性の働きを詳細に分析することによって、それらの問題に答えたい。

自由な構想力と合法則的な悟性

構想力と悟性の「調和」は、いかなる比率にあっても、「認識一般」の成立を目的にした認識のための条件として機能する。次に言われる通り、まさにこの「調和」を条件にすることによって、判断力は認識ないし判断一般を成立させる。

> 判断力は、〔判断一般のための〕使用にとって、二つの表象諸能力、つまり構想力（直観と直観の多様の合成のための能力）と悟性（そうした合成の統一の表象としての概念のための能力）との調和を必要とする。ここでは、客観に関する概念は判断の根拠ではないゆえに、判断は、〔……〕構想力そのものを、悟性一般が直観からさまざまな概念へと達するという条件のもとに包摂することにおいてのみ成立可能となる。（V 287）

構想力と悟性は、前者が後者の条件のもとに包摂される仕方で関係し、「直観能力、つまり描出能力（すなわち、構想力）の概念能力（すなわち、悟性）のもとへの包摂」（ibid.）という認識能力どうしの包摂関係を形成する。この包摂は「自由にある構想力が合法則性を伴う悟性に応じた場合に限ってのもの」（ibid.）なので、「調和」と同一の連関を意味する。それでは、「調和」において二つの能力は何をしているのか。

まずは、構想力から見ていこう。構想力は、イメージ（像）を立てる（描き出す）直観ないし描出の能力である。『純粋理性批判』によると、構想力は、感官（五感）を通じて与えられた直観の多様をまとめる際に、概念の能力である悟性にイメージないし形象を提供し、感性的なものと悟性的なものを媒介する図式を用意する（cf. A 101/B 136）。直観の多様は、図式化を通じてイメージとしてまとめられ、概念のもとに包摂可能になる。これにより、与えられた諸直観は、何らかの概念と関係づけられ、客観の規定が行われる（例えば、或るものがバラに同定される）。ここから成立するのが、論理的な認識判断である。図式は、「概念に従ってわれわれの直観を規定する規則」（ibid.）とされるので、図式を用意する構想力は、「カテゴリー〔＝悟性概念〕に従わ」（B152）ざるをえない。構想力は、概念を通じて悟性に強制されるのである。

カントは、こうした客観を規定する認識のために機能する構想力と悟性の連関を、「客観的調和」（V 241）と呼び、そうした特定の認識には制限されない「認識一般」のための「主観的調和」（ibid.）から区別した。「主観的調和」（以下、「調和」という言葉を用いる場合には、この「主観的調和」を指す）における構想力は、概念からの強制を受けず、次のように自由に働く。

構想力は、美的意図において自由であり、その結果、概念とのかの一致〔＝概念に従っていなければならないという事態〕を超えて、悟性に対して、内容豊かで未開拓の素材を求められずとも提供する。(V 317)

この素材は、描出作用に基づいた感性的直観の形象的表象、つまりイメージであると考えられるが、ここではそれに先立つ概念がないため、悟性にとっては、まだ見ぬものであり、未開拓なものである。したがって、「調和」をなす自由な構想力の働きとは、未開拓な感性的素材を悟性に提供することなのである。

次に、合法則的な悟性を見ていこう。「調和」をなす悟性は、客観に関わる特定の概念をまだ持っていない。しかし、悟性は、依然として概念の能力である以上、「直観からさまざまな概念へと達する」(V 287) という働きをなす。この悟性は、直観を特定の概念に従わせはしないが、直観を何らかの概念にもたらしはする。この不定の概念へと向かう働きにこそ、概念の能力としての悟性の法則性が見出される。特定の概念がなくとも、こうした法則性があるために、「悟性は、概念においては顧慮していなかった素材を、客観的に認識へと適用するのではなく、主観的に認識諸能力の活気づけへと適用し、それゆえ、ゆくゆくはやはり認識へと適用する」(ibid.)。要するに、「調和」をなす合法則的な悟性の働きとは、直観を不定の概念にもたらすことである。

まとめると、「認識一般」のための「調和」において、自由な構想力は未開拓の感性的素材（イメージ）を悟性に提供する働きをなし、合法則的な悟性はその素材を何らかの概念へともたらす働きをする。それにより、「調和」からは、特定の認識に制限されない「認識一般」が可能になる。例えば、バラのように見える未知の対象に出会った際、自由な構想力は、悟性に対して、花弁、萼、葉、模様などの悟性にとってまだ見ぬ感性的素材（イメージ）を提供する。合法則的な悟性は、それらの素材を何らかの概念へともたらし、認識が成立する。この認識は、その素材が内容豊かで未開拓であるために、バラのように見えたとしても、「これは球根ベゴニアである」、「これは虫である」などさまざまな認識に特殊化される可能性を持つ。

構想力の自由と「調和」の比率

以上を踏まえると、「認識一般」のための「調和」において構想力と悟性の比率を決定するのは、悟性ではなく、構想力であると考えられる。というのも、決まった法則性を提示するにとどまる悟性とは異なり、さまざまな素材を提供する構想力の働きには、それに応じた働きの違いを期待できるからである。そのように内容豊かな素材を提供することができるのは、構想力が自由であるからこそなので、働きの違いは自由のあり方に由来するはずである。

さて、自由な構想力は、まったく自由であるか、悟性の法則性のもとで自由であるのかのいずれかである。前者の場合、構想力は、「空想力 Phantasie」（VII 167）として、「単なる想像」（V 321）を創り出し、空想を営む。誰かの空想は、その人だけのものであり、共有や伝達は不可能である。空想は、思い込みでしかなく、概念化されることも、認識化されることもありえない。これに対して、後者の場合、構想力は、直観を概念へともたらすという悟性の法則性に制限されるので、認識の成立をはばむような、想像にのみ立脚した素材の提供は行われない。それでは、「調和」における構想力がどちらの意味で自由であるのかと言えば、言うまでもなく、後者である。

ただし、後者の意味での自由は、さらに二つのあり方に区別される。カントは、「調和」を考察する文脈において、構想力が正常ではない自由にある場合を指摘している。

> 庭園における英国趣味や家具におけるバロック趣味は、構想力の自由をむしろグロテスクさにせまるまでに駆り立てる。（V 242）

ここでの自由は「グロテスクさ」に接近する。「グロテスク grotesk」は、イタリア語の「洞窟の grottesca」に起源を持つ言葉で、人間、動物、植物が不自然に連結された曲線的で奇妙な美術装飾（図1）の形容であったが、カントの時代には、その見た目の奇妙さから転じて、「奇怪な」、「異様な」、「異常な」という意味を持つにいたる（Vgl. 武末 2012）［14］。つまり、「調和」をなす自由な構想力は、場合によっては、通常に比べて異様・異常なほど自由になることがある。したがって、「調和」における構想力の自由のあり方は、異常なほどの自由にあるものと、逆に正常な自由にあるものとに区別される。

とはいえ、異常なほど自由である構想力は、いかなる働きをするのだろうか。それを理解するには、構想力がそれほどまで自由になる場面を考察するのがよいだろう。ここでは「庭園における英国趣味」を例に取ろう。カントの念頭には、『判断力批判』でも引用された（cf. V 277）バーク『崇高と美の観念の

図1　グロテスク装飾

起源』（1757）が紹介する18世紀初頭のイギリスの庭園、つまり「風景式庭園」（図2）があったはずである（cf. Burke 1756, p. 85）。当時のイギリスの庭園は、幾何学的理念のもとで知的な装飾・配置・秩序等を重視したフランスの庭園、つまり「整形式庭園」（図3）に対抗した様式を持ち、あるがままの没規則的な自然による構成を理想とした[15]。注目すべきは、「風景式庭園」における対象が、決められた秩序や配置を一切持たないものとして、つまりは、完全に没規則的な対象として想定されている点である。こうした対象に触発される場合、主観は規則による制限や規定をまったく受けないので、構想力は極めて

［14］　グロテスクなものについての文学的／芸術学的研究は、W・カイザーや武末祐子の研究を参照のこと（Kayser 1957, 武末 2012, 2018, etc.）

図2　ロウシャム・ハウスの庭

図3　ヴィランドリー城の庭園

自由に働くことができる。その対象は、たしかに構想力を自由にさせる点で趣味にとって有益ではあるのだが、その一方で、描出の可能性を際限なく豊富にもたらすゆえに、構想力を、趣味が求める正常な程度を逸して異常なまでに働かせてしまうことがある。要するに、特定の対象には構想力を異常なまでに自由にさせるものがあり、そのように異常なほど自由である構想力は、描出作用を際限なく行い、不必要に豊富な素材を悟性に提供することになる。

「調和」と「不調和」

「調和」をなす構想力の自由は、正常な自由と、異常な自由とに区別され、それらの自由に対応して、構想力が悟性に素材を提供する仕方が区別され、「調和」の比率も決定される。

異常なほどに自由な構想力は、悟性との「調和」を保ちながらも、構想力の働きに偏った比率で「調

〔15〕 18世紀に入ると、イギリスでは、自国の文化を発展させるために、それまで理想としていた幾何学的観念に基づくフランスの庭園を批判するようになる。第三代シャフツベリ伯爵は、『モラリストたち』(1709)において、フランスの「整形式庭園」をまるで子供だましと揶揄したうえで、苔むした洞窟などのあるがままの自然を賛賞し、その優位を説いた(cf. Shaftesbury 1733, pp. 393-394)。また、J・アディソンも『スペクテイター誌』(1712)において、「数学の図形のように切りとったり、刈り込んだりした木々よりも、小枝や大枝が青々と繁茂し、枝葉をのびのびと広げている木々を見上げていたいものである」(Addison 1712)と述べ、やはりありのままの自然を賛美している。この見解は、A・ポープにも確認される(cf. Pope 1713)。そこでは総じて、ありのままの自然が人工的に整形された幾何学的な自然に対して美的な優位にあり、庭園はそうした自然を持つべきであると主張されている。

和」を形成する。ここでは、「調和」が保たれているので、構想力の描出作用を通じて与えられた感性的素材は何らかの概念へともたらされ、結果として何らかの認識が成立する。ただし、この認識は、描出が際限なく行われ、それによる素材の提供も豊富すぎるがあまり、対象の描出という点でつねに正確さを欠くことになる。それゆえ、この認識は、成立した瞬間にも覆され、刷新される運命にあり、自分自身のうちに不安定さを内包する。したがって、このように自由な構想力に偏った「調和」は「認識一般」のために最適な比率にあるとは言えない。

これに対して、正常に自由な構想力は、悟性との連関において、そうした偏りのない「調和」を形成する。だからこそ、「調和」から結果される認識にも問題は生じない。構想力と悟性は認識のためにまさに十全に機能しているので、この「調和」は「認識一般」のために最適な比率にあると言える。

ここまでをまとめよう。「認識一般」のための「調和」は、構想力の自由のあり方に応じた比率を持つものとして、次の二つに区別される。すなわち、正常に自由な構想力と悟性の「調和」は、認識のために最適な比率にある「調和」であり、異常に自由な構想力と悟性の「調和」は、構想力に偏った比率にある点で、認識のために最適な比率にはない「調和」となる。

さて、こうした二つの「調和」の理解を踏まえて、本書は、「認識一般」のために構想力と悟性が最適な比率にはない「調和」を「不調和」として解釈する。というのも、最適な比率にない「調和」は、構想力への偏りがあるという意味において、最適な比率にある「調和」、つまり「自由な戯れ」としての「調和」を欠くからである。「不調和」は、「調和」そのものの絶対的欠如ではなく、最適な比率にある「調和」(「自由な戯れ」)の相対的欠如にすぎない。要するに、「認識一般」のための「広義の調和」のうちには、「狭義の調和」（最適な比率にある「調和」）と「不調和」（最適な比率にない「調和」）という区別が存在するのである（図4を参照のこと）。この「不調和」は、「広義の調和」が「認識一般」を目的とした認識能力の合目的的な連関である限り、「広義の調和」と同様に合目的的な連関となる。

本書は、「認識一般」のための「調和」を、そこでの構想力と悟性の比率に照らして区別し、その一方に「不調和」を位置づけた。これにより、「不調和」は、「認識一般」の成立を目的とした連関として、否定的に合目的的でも、反目的的でもなく、むしろ合目的的な心的状態として理解される。それゆえ、本書の解釈は、前章で確認した問題の多くを解決することができる。

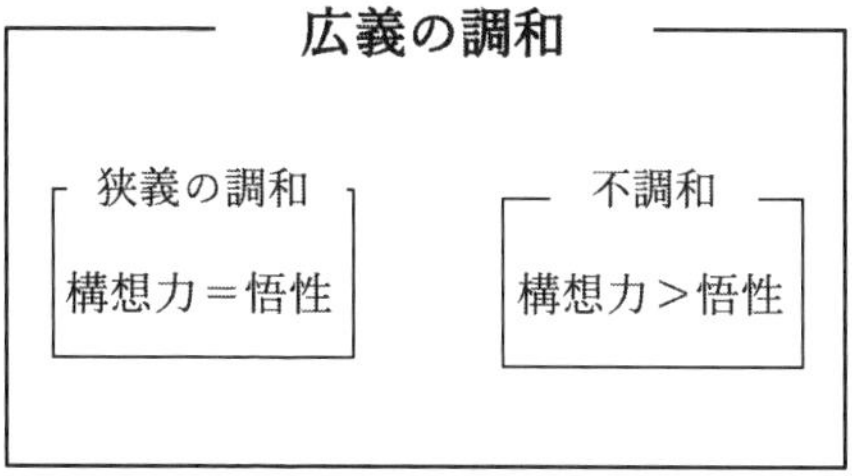

図4

しかし、「不調和」を説明しただけではまだまだ不十分である。よりいっそう重要なのは、このように解釈された「不調和」からいかにして不快の感情が生じるのか、それを説明することである。素朴に考えれば、合目的的な心的状態として解釈された「不調和」からは、不快の感情ではなく、快の感情が生じることになり、マコーネルと同じ失敗に陥るようにも思われる。本書の解釈は、この問題を回避することができるのであろうか。

第二節　不快の感情とはいかなる感情であるのか？

「不調和」と不快の感情

「不調和」という心的状態は、「狭義の調和」という心的状態が正常に自由な構想力と合法則的な悟性から構成されるのに対して、異常なほどに自由な構想力と合法則的な悟性から構成される。「不調和」と不快の感情の関係を考察する際にもやはり注目すべきは、構想力の働きである。異常に自由である構想力は、描出作用を際限なく行い、悟性に対して不必要なほどに豊富な素材を提供する。そのため、悟性が、素材を何らかの概念へともたらし、ついに認識へと導いたとしても、すぐさま新たな素材が提供され、成立した認識は瞬時に覆されてしまう。認識から見ると、ここでの構想力は、自由すぎるがあまりに、自らの本性である描出能力を適切には発揮できていない。この事態は、崇高なものに対峙した場合と同様に（cf. V 257）、或る対象に対する構想力の不適切さを知覚させ、不快の感情を生じさせる。私たちは、構想力が本分を適切に発揮できていないことに不快の感情を覚えるわけである。これが、「不調和」という心的状態から不快の感情が生み出されるあり方である。

ここで、槍ヶ岳を例に、崇高なものを判断する構造を少し考えてみよう。構想力は、槍ヶ岳の巨大さゆえに、それを適切には描出することができず、そこでの不適切さには不快の感情が感じ取られる。しかし、それでも私たちの心は、「絶対的全体」（V 257）という理性理念のもとで槍ヶ岳を把握しようと努め、感性的には到達できないにもかかわらず、そのような理念を目指す。この理念を目的とする心のあり方は、やはり合目的的なものであり、そこからは快の感情が生じる。このような、構想力に関わる不快の感情と理性に関わる快の感情を判断の規定根拠として、私たちは、槍ヶ岳について「槍ヶ岳は崇高である」という判断を下す[16]。崇高の判断において、構想力の不適切さは「主観の無制限な能力〔＝理性〕を意識させる」（V 259）ものであり、不快の感情は、いうなれば高次の理性的な快の感情のための契機に他ならない。

これに対して、「不調和」をなす構想力の不適切な働きは、構想力そのものの異常な自由に由来するので、理性を意識させる契機にはなりえない。それゆえ、その不適切さに感じられる不快の感情は単なる不快でしかない。

しかし、「不調和」から不快の感情が生み出されるとしても、「不調和」が合目的的な心的状態である限り、不快と同時に、快の感情までもが生み出されてしまうのではないだろうか。この問題はどのように考えればよいのか。

「不調和」は、「認識一般」のための「広義の調和」のうちに位置づけられる以上、「広義の調和」から認識が成立する際には、たしかに快の感情が生み出される。けれども、快の感情と同時に、不快の感情も生み出されるわけではない。なぜなら、不快の感情が感じられるのは、成立した認識が構想力による素材の異常な提供のために覆され、構想力の不適切さが顕になるときだからである。快の感情は認識の

［16］　崇高の判断の構造についての詳細は、高木 2020を参照のこと。

成立に伴われ、不快の感情は認識の覆しに伴われる。要するに、「不調和」からは快の感情が一旦は生み出されるものの、この快の感情は、その後に同じく「不調和」から生み出される不快の感情によって取って代わられるわけである。したがって、「不調和」が合目的的な連関であっても、そこから最終的に生じる感情は不快の感情であり、快の感情と不快の感情が同時に生み出されるという奇妙な事態が帰結することはない。

具体的に説明してみよう。ありのままの自然によって作られた「風景式庭園」の一角には、自然にまかせてまったく不規則に植えられ、成長した草花がある。これらの草花に目をやるとき、構想力は、その草花についての感性的素材、つまりは、枝や葉や花などのイメージを悟性に提供し、悟性は、それらの素材を何らかの概念へともたらし、さまざまな認識が成立する。「とげとげした葉を持つ木に、赤い花が咲いている」という認識が成立したとしよう。しかし、草花は、不規則に植えられ育っているため、枝葉は、とげとげしたものから丸いものにいたるまで、多種多様なものが無造作に入り交じっている。そうした対象に触発された構想力は、異常なほど自由に働く場合があり、その際には先の認識が成立したにもかかわらず、同じ対象について、以前とは異なるイメージを素材として悟性に提供してしまう。悟性は、それらの素材をふたたび概念へともたらし、草花についての認識は成立した直後に覆されることになる。「とげとげした葉を持つ木に、赤い花が咲いている」という認識が成立しても、その認識は直後に、「丸い葉を持つ木に、赤い花が咲いている」へと改めさせられてしまう。このような認識が覆される事態、より正確には、そこにおける構想力の働きの不適切さにこそ、不快の感情が感じられるのである。ただし、不快の感情は、そうした事態が情感的（美的）に意識される場合にのみ感じられるのであり、その事態が知的に意識される場合には、新たなに成立した認識が前景化する。

不快の感情

しかしながら、「不調和」から生み出される不快の感情は、純粋な美しさの趣味判断を規定する快の感情（無関心な快の感情）の反対概念でありうるのであろうか。そうでなければ、ここでの不快の感情は、純粋な醜さの趣味判断を規定する根拠にはなりえない。それを確認するには、次の三つの点が明らかにされればよいだろう。すなわち、不快の感情を無関心な快の感情と比較した際に、第一に、反対の根拠を持つこと、第二に、同等の特徴を持つこと、第三に、反対の規定を持つこと、の三点である。以下では、これらを順に見ていく。

まずは、不快の感情が無関心な快の感情と反対の根拠を持つかどうかについて考えてみよう。不快の感情は、快の感情が「調和」という心的状態に基づくのとは対照的に、「不調和」に基づく。「不調和」は、「調和」を絶対的に欠いた状態ではなく、「調和」と同様に認識能力が積極的に機能している状態であり、その状態それ自体としても、そこから生み出される感情にとっても、積極的なものである。つまり、不快の感情は、無関心な快の感情とは反対の根拠、それも積極的な根拠を持っている。そして、それゆえに、不快の感情は無関心の快の感情の積極的な反対として理解される。「不調和」は、「調和」を絶対的に欠いた心的状態ではないし、不快の感情も単に快の感情が存在しないという事態を表す感情などではない。

ところで、無関心な快の感情と不快の感情が自らに固有の積極的根拠を持つ反対であるのなら、それらの根拠を、「広義の調和」という共通の地盤に確保するのではなく、別々に確保すべきではないだろうか。この疑念に答えるために、「負量概念の哲学への導入」をいま一度参照したい。カントによると、「反対」は次のように規定される。「実質的反対が生じるのは、積極的根拠と認められる二つの事物のうちで一方が他方の結果を廃棄するときに限られる」(II 175)。反対を生じさせる積極的根拠の要点は、その結果について一方が他方を廃棄するという点にあり、それらが別様に確保されるかどうか、共通する要素があるかどうかは問題ではない。本書の解釈は「調和」と「不調和」を「広義の調和」という共通の地盤において説明するが、その結果である感情において一方が他方を廃棄する点で、「調和」と「不調和」は、快と不快という反対の感情を生じさせる積極的根拠でありえる。例えば、磁気場がなければ磁石の対極がありえないことや、同一直線がなければ反対方向が指示されないことなどを踏まえると、反対になるものを共通の地盤において示すことは、直感にも合致する。

さて、次に、不快の感情が無関心な快の感情と同等の特徴を持つかどうかについて見ていこう。不快の感情は、無関心な快の感情と同様に、構想力と悟性という認識能力によって構成される心的状態から生み出される以上、欲求能力や実践的目的および意図とは無縁であり、関心を欠いた感情となる。例えば、料理のために購入した料理本が期待はずれだったときの不快(非有用性)や、美味しいだろうと思っていたワインがまずかったときの不快(不快適さ)などは、欲求能力の働きによって生み出された不快であり、関心を含意する。「不調和」から生じる不快の感情は、これらの関心を表す不快の感情から区別される。前者の不快の感情は、関心を欠き、それゆえに、純粋である。また、その感情は、あらゆる主観に対して妥当するという特徴、つまり「主観的普遍性」ないし「主観的普遍妥当性」を持つ。というのも、不快の感情を生み出す「不調和」は、「認識一般」のための「広義の調和」のうちに位置づけられるので、認識と同様に、あらゆる人に伝達されうること、つまり「普遍伝達可能性」(V 217)を特徴にするからである。このように、不快の感情には、美しさの趣味判断を規定する快の感情と同等の特徴、つまり無関心性（純粋性）と普遍性とを確認することができる。

最後に、不快の感情は、快の感情と反対の規定を持つのかどうかについて考察していきたい。まず、快の感情は、心的状態が目的に向かったままに維持されるという事態から感じられるものなので、状態の維持は、快の感情の重要な規定であった。これに対して、既述のように、「不快とは、さまざまな表象の状態を、その反対へと規定する（表象を遠ざけたり、除去したりする）根拠を含むところの表象である」(V 220)。不快とは、或る表象の状態を反対に変化させるものを含む表象でなくてはならない。ところで、問題にしている不快の感情は認識が覆される際に感じられるものである。言い換えれば、不快の感情は、成立した認識を無かったことにする感情として、或る状態をその反対に変化させる表象である。ここでの不快の感情は、或る状態を反転させるという規定を持ち、カントの定義に適っている。また、心的状態の維持に加えて、意図の遂行も快の感情の重要な規定であった。これについても、「不調和」から生み出される不快の感情は反対の規定を持つことになる。というのも、そこでの不快の感情は、意図して成立させた認識が覆される際の意図の挫折を反映しもするからである。このように、「不調和」による不快の感情は、快の感情の規定、つまりは、心的状態の維持と意図の遂行という二つの規定に対して反対の規定を持つ。

以上から、「不調和」によって生み出される不快の感情が、美しさの趣味判断を規定する快の感情の反対概念になりえることは明らかである。不快の感情は、無関心な快の感情との比較において、反対の積極的根拠と反対の規定を持ち、さらには、同等の特徴を持つので、ここでの快の感情と不快の感情とは、まったく対等で積極的な反対である。したがって、「不調和」による不快の感情は、無関心な快の感情が純粋な美しさの趣味判断を規定する根拠になる限り、純粋な醜さの趣味判断を規定することになる。ただし、問題は、そこで言明される醜さがいかなるものであるのかということである。醜さの趣味判断およびその醜さについては、次の第六章で考察する。

第三節　本書の解釈を評価する

本書の解釈は、前章の「おわりに」でまとめた課題をクリアすることができるのであろうか。まず、一つ目の主要課題は、次の通りであった。

（一）構想力と悟性の「不調和」という心的状態を、「調和」と同様に、「認識一般」のための合目的的な連関の一種として解釈し、「不調和」に、「調和」と同じく「普遍伝達可能性」を保証する。

さらに、この課題には、次の三つの課題が伴われた。

（一―一）「不調和」が成立したとしても、認識および認識に関わる意識が成立可能であることを示す。

（一―二）「不調和」も、「調和」と同様に、「自然の合目的性」という原理を前提することを示す。

（一―三）「不調和」が「認識一般」のための条件と解釈される場合であっても、そこから成立する認識には、不快の感情および醜さが伴われないことを示す。

（一）の課題は、「不調和」を、「認識一般」のための「広義の調和」のうちに位置づけたことにより達成されている。というのも、「広義の調和」は、「認識一般」の成立を目的とした合目的的な連関であるゆえに、そこに位置づけられる「不調和」も、「認識一般」のための条件として、認識と同様に、あらゆる人に伝達されうるものであるからである。そして、この場合、「不調和」は、「認識一般」が成立するための条件であり、そこから、認識およびそれに関する意識が成立しえないということもありえない。この点で、（一―一）の課題もクリアされた。

しかし、「不調和」が認識の条件になるのであれば、いかなる認識にも不快の感情が伴われることになり、（一―三）の課題を達成することができないように思われる。そこで思い出したいのが、第二章第三節における考察である。その考察では、次の問題を扱った。すなわち、「調和」が「認識一般」のための条件であるのなら、「調和」によって生み出される快の感情がすべての認識に伴われてしまうのではないかという問題（「すべてのものは美しい」問題）である。認識の成立に際して、「狭義の調和」（「自由な戯れ」）は、認識の条件として機能するが、対象を認識するためにはさらに、対象ないし客観を規定する悟性概念が必要となる。その際、「狭義の調和」は、概念を介して知的に意識されるので、「狭義の調和」自体としては前景化することがない。認識が成立する際には、「狭義の調和」は最後まで後景にとどまり、それによる快の感情も顕在化することはない。よって、認識に、快の感情が伴われることも、美しさが表象されることもないというわけである。これと同じ説明が、不快の感情がすべての認識に伴われてしまうという問題にも可能である。すなわち、認識の成立に際しては、「不調和」も、「狭義の調和」と同様に、知的に意識されるので、やはり前景化はせず後景にとどまり、だからこそ、不快の感情も顕在化することはない。したがって、認識において醜さが表象されることもないのである。以上から、（一－三）の課題もクリアできている。

それでは、（一－二）の課題についてはどうだろうか。私たちがとくに自然物、例えばバラを美しいと判定する場合、私たちは、バラについて抱いた「狭義の調和」という心的状態による快の感情に基づいて、美しさの趣味判断を下している。このとき、私たちは、バラという自然物が私たちの心的状態に一致することを前提しなければならない。そうしないと、私たちはそのような心的状態を持つことができないからである。ところで、「狭義の調和」は、「認識一般」を目的とした合目的的な心的状態である（第二章第二節を参照）。つまり、「自然物が美しい」という趣味判断を下すためには、自然物が私たちの心的状態に一致して合目的的であると前提しなければならないのである。この前提は、自然が「狭義の調和」と同様に合目的的であるという事態を示すものであり、これこそが「自然の合目的性」と呼ばれる事態に他ならない。要するに、「狭義の調和」という心的状態は、「自然の合目的性」を必然的な前提として要請するのである。ここで思い出したいのは、「不調和」も、「狭義の調和」と変わらず、「認識一般」の成立を目的とする合目的的な心的状態であるという点である。したがって、当然「不調和」も「自然の合目的性」を前提しなければならない。よって、（一－二）の課題もクリアされる。

以上のように、本書の解釈は、（一）およびそれに関連するすべての課題をクリアしている。

次に、二つ目の主要課題の方を見ていこう。

（二）「不調和」のうちに不快の感情を生み出す根拠があることを明らかにし、普遍伝達可能な不快の感情を説明する。

さらに、この主要課題には、次の課題が伴われた。

（二－一）「不調和」から生み出される不快の感情が、或る状態を反対に変化させる性質を持ち、カントの定義に従っていることを示す。

すでに見た通り、不快の感情を生み出す「不調和」は、「認識一般」を成立させるための心的状態であるので、認識と同様に、あらゆる人に伝達しうる。それゆえ、不快の感情も普遍的に伝達可能なものとなる。この点で、（二）の課題はクリアされる。そして、（二－一）の課題については、すでに本章第二節で達成されている。すなわち、「不調和」によって生み出される不快の感情は、「不調和」から結果する認識が覆される際に感じられるので、成立した認識を無かったことにする感情として、或る状態をその反対に変化させる表象に他ならず、カントの定義に則している。したがって、本書の解釈は、(二)およびそれに関連する課題をクリアしている。

以上の通り、「不調和」と不快の感情についての本書の解釈は、前章の「おわりに」でまとめた課題すべてを完全にクリアし、先行研究に見られた主要な問題すべてを克服することができている。

おわりに

本章は、構想力と悟性から構成される「不調和」という心的状態がいかなるものであるのか、そこからいかなる仕方で不快の感情が生み出されるのか、そして、その不快の感情とはいかなる感情であるのかを説明してきた。

「不調和」とは、これまでの先行研究が指摘したような構想力と悟性の調和状態が絶対的に欠けた状態ではなく、前者の能力の働きに偏った状態である。「不調和」は、「狭義の調和」とともに、「広義の調和」のうちに位置づけられるので、「広義の調和」と同様に「認識一般」の成立を目指した合目的的な連関となる。「不調和」は、たしかに、そこにおける構想力の働きのためにバランスを崩した心的状態ではあるものの、「広義の調和」が完全に崩壊した状態ではないのである。

こうした「不調和」という心的状態を持つ場合、私たちは、とりわけそこでの構想力のあり方に不快の感情を感じ取る。ここでの不快の感情は、「狭義の調和」の反対である「不調和」を積極的な根拠とする感情であり、「認識一般」のための認識能力の連関から生み出される点で、美しさの趣味判断を規定する快の感情と同様に、一切の欲求と関わりのない無関心で純粋な、だからこそ、普遍的な感情である。「不調和」から生み出される不快の感情は、純粋な美しさの趣味判断を規定する快の感情に対して、まさに対等な反対に他ならない。

私たちは、或る対象Pにこうした不快の感情を感じ、その感情に基づいて対象を判定するとき、「このPは醜い」という純粋な醜さの趣味判断を下すことになる。次章では、純粋な趣味判断の全容を説明するとともに、純粋な醜さが具体的にいかなるものであるのかを明らかにする。

第六章

純粋な醜さとは何か？

本章では、前章までの考察を踏まえて、不快の感情に基づく醜さの趣味判断とはいかなる判断であるのかをより詳細に考察する。そのうえで、そこで言明される純粋な醜さとはいかなるものであるかを、いくつかの具体例を交えながら明らかにする。

はじめに

何らかの認識を成立させようとするとき、私たちの心のなかでは構想力と悟性という認識能力（表象能力や心的能力とも言われる）によって調和状態が形成される。この調和状態（「広義の調和」）は、構想力と悟性が連関する比率の違いに応じて、最適な比率にあるものと、バランスを欠いた比率にあるものとに分けられる。前者が、「狭義の調和」として、美しさの趣味判断を規定する快の感情を生み出すのとは対照的に、後者は、「不調和」として、不快の感情を生み出す。要するに、「認識一般」のための「広義の調和」という心的状態は、快の感情を生み出す「狭義の調和」と不快の感情を生み出す「不調和」とに区別されるのである（図1）。

これら二つの心的状態から生み出された快の感情と不快の感情は、認識のために機能する心的状態に由来する限り、それぞれの心的状態を自らに固有の積極的な根拠（源泉）とし、だからこそ、同等の特徴（無関心性、純粋性、普遍性）を有する。ただし、快の感情が状態の維持と意図の遂行を規定にするのに対して、不快の感情は、状態の反転と意図の挫折を規定とする点で、二つの感情は、反対の感情である。ここでの快の感情と不快の感情は対等な反対である。

例えば、オオコンニャク（世界で一番醜い花として有名、図2）に対して「狭義の調和」という心的状態が形成され、その状態が美的に意識される場合、私たちは、オオコンニャクについて快の感情を感じ取る。そして、その快の感情に基づくことで、「このオオコンニャクは美しい」という趣味判断を下す。それでは、オオコンニャクに対して「不調和」という心的状態が形成され、不快の感情が感じ取られる場

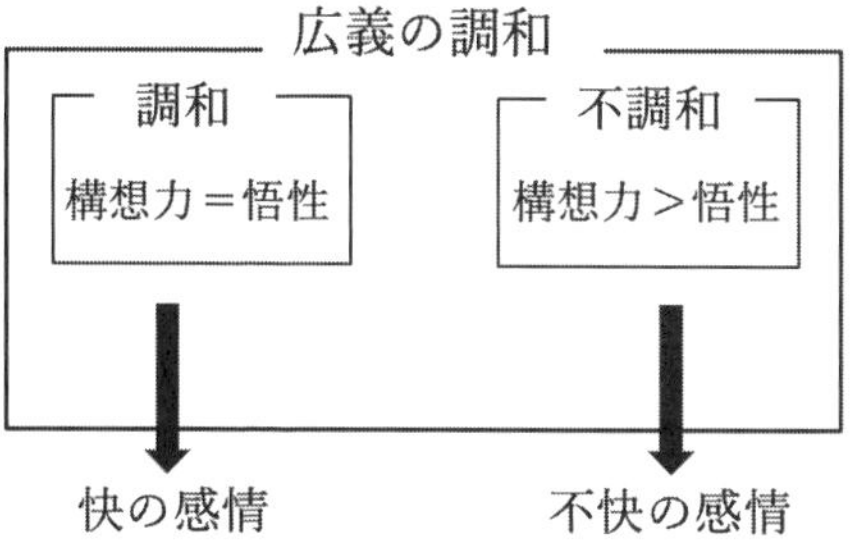

図1

図2　オオコンニャク

合には、不快の感情を規定根拠としていかなる判断が下されるのであろうか。もちろんそれは、オオコンニャクの美しさを言明する趣味判断と対照的な判断、すなわち、オオコンニャクの醜さを言明する趣味判断である。しかも、趣味判断によって言明される美しさが純粋なものとされる以上、ここでの醜さも当然、純粋なものになる。

まず、第一節では、醜さの趣味判断を考察し、その特徴を確認する。次に、第二節では、そこで言明される純粋な醜さに焦点をあて、具体例をあげながら、純粋な醜さがいかなるものであるのかを明らかにする。

第一節　醜さの趣味判断とはいかなる判断なのか？

醜さと趣味判断

西村は、醜さの判断について次のように述べる。

カントは、快と不快とを相互に対立する両極とし、そのどちらでもない中間を中性的な「無味乾燥、無関心」とするのだが、このうち美的趣味判断にはいってくるのは快か非－快、美か無味乾燥のかのいずれかであって、ある対象を不快に基づいて「醜」と判定するのは純粋に美的な判断ではありえない。（西村 2011, p. 264）

西村は、対象の醜さを言明する趣味判断は不可能であるとする。西村がこのように結論する根拠は、カントが『プリッツ論理学』（1789）において、「美しいものを美しくないものから（それは醜いものからではない。なぜなら、美しくないものがつねに醜いわけではないからである）判別することが、趣味である」（XXIV 514）と、趣味の規定を行なっている点にある。つまり、趣味は、快の感情があるかどうかに基づいて、美しいものを美しくないものから区別する能力であり、その限りで、趣味による、不快の感情に基づく判定も、ましてや醜いものの判定もありえないというわけである。結局のところ、カントにおいて醜さの趣味判断は可能であるのか、不可能であるのか、一体どちらなのだろうか。

すでに何度が見ているように、カントは、『判断力批判』本論冒頭の第一節において趣味を次のように規定している。

われわれは、或るものの表象を、悟性を通じて、認識のために客観と関係づけるのではなく、（おそらくは、悟性と結びついた）構想力を通じて、主観および主観の快／不快の感情と関係づけることで、或るものが美しいか、美しくないかを判別する。（V 203）

カントは、趣味が不快の感情に基づいて判別（判定）を行うことを否定しないどころか、認めている。ただし、このことから、醜さの趣味判断が可能であることがすぐに帰結するわけではない。というのも、例えば、快適さとしての快の感情を根拠に趣味が判定した判断が、(反省)趣味の判断ではなく、感覚についての判断になるように、不快の感情に基づく趣味の判定であっても、不快の感情の種類によっては、趣味判断が下されないということもありえるからである。問題は、不快の感情の種類のなかに、趣味が美しいものを判定するために基づく快の感情と同等のものがあるのかという点に収斂する。

この問題に、私たちは容易に答えることができる。美しさの趣味判断を規定する快の感情にとって、対等な反対としての不快の感情があることとは、これまでの考察から明らかだからである。その不快の感情とは、「認識一般」のために働く構想力と悟性の「不調和」によって生み出される不快に他ならない。この不快の感情は、趣味が美しさの趣味判断を下すために用いる快の感情と同様に、欲求能力やそれによる目的とは無縁である点で関心を欠く純粋なものであり、認識のための条件(「不調和」)から生み出される点で、認識と同じ普遍性(「普遍伝達可能性」)を持つ。

以上のように、趣味が不快の感情に基づいて判断を下すことができること、不快の感情のなかには趣味判断を規定する快の感情と同等のものがあることを踏まえるなら、この不快の感情に基づいて趣味が下す判断は、美しさの趣味判断と同様に、趣味の判断でなければならない。また、「快:A〔……〕不快:−A」(XV 296/R 669)および「美しい+〔……〕醜い−」(XVI 166/R 1946)とされることからも明らかなように、カントにとって、快の感情の反対は不快の感情であり、美しさの反対は醜さであるので、不快の感情に基づく趣味判断は、快の感情に基づく趣味判断が美しさを言明する限り、醜さを言明する趣味判断でなければならない。

したがって、『判断力批判』では、不快の感情に基づいて対象の醜さを言明する趣味判断は不可能でないどころか、可能でなくてはならないのである。

快／不快の感情に基づく種々の判断

ここで、混乱を避けるためにも、趣味判断以外の、快／不快の感情に基づく判断をまとめておこう。既述のように、趣味は「主観および主観の快／不快の感情と関係づけることで、或るものが美しいか、美しくないかを判別する」（V 203）能力である。ただし、快の感情と不快の感情には、例えば、感覚的な快適さと不快適さ（気持ち悪さ）のように、いくつかの種類があり、そのなかでも、趣味判断を下すための根拠になりえるのは特定のものに限られる。それは、「悟性と結びついた構想力」（ibid.）による感情、つまり構想力と悟性からなる「狭義の調和」および「不調和」よる感情であり、これらの感情に基づいて趣味が対象を判定する場合にのみ、対象の美しさ／醜さを言明する趣味判断が成立する。

ところで、趣味判断の根拠になるもの以外にも、快／不快の感情には、大きく二つの種類が存在し、それに応じて成立する判断も区別される。

まずは、感覚器官（五感）によって得られる快適さ／不快適さである。この快／不快に基づいて下されるのは、「このワインは美味しい」や「紫色は気持ち悪い」といった個人の感覚に関わる判断である。この判断は、各人が持つ感官（感覚器官）の趣味（「感官趣味」）の判断であり、「蓼食う虫も好き好き」という諺に代表されるように、個人の趣向や好みを表す。それゆえ、個人性（プライベート性）、つまり「個人的妥当性」（V 217）を特徴とする。その当人以外には誰も、その人が感じた快／不快（快適さ／不快適さ）を理解することはできず、その感情に基づく判断も他者に妥当することはない。たしかに、例えば、「このボルドーワインは美味しい」という判断が他者の判断と一致することはあるが、それは偶然による見かけ上の一致にすぎない。私の「美味しさ」や「気持ち悪さ」は、私だけのものであり、他者がそれを真に理解することはない。

次に、理性の概念である「目的の概念」（V 207）の適用によって得られる善さ／悪さに関わる快／不快の感情である。この感情は、道徳的な善さ／悪さ、有用性の善さ／悪さに関わるものに区別される。前者の感情に基づいて下されるのは、「道徳法則に従う行為は善い」や「殺人は悪い」のように、道徳的な善悪を表明する道徳的・実践的な認識判断である。これに対して、後者の感情に基づいて下されるのは、「健康は働くために役立つ」や「あの人は生産性を上げるためには役に立たない」といった、道具的価値の良し悪しを表明する技巧的・実践的な認識判断である。これらの判断はともに、目的の概念を究極的な根拠とする判断である。例えば、健康は「働くため」という目的の概念によって規定された対象であり、この対象を含む判断は、同様に「目的の概念」の適用によって「働くこと」を目的として、対象（客観）を規定するあらゆる人に妥当する。この点で、それらの判断は、客観的な普遍性を持つ。概念が介在する限り、概念を通じて互いの判断はおのずと妥当し、当然、理解・共有されるものとなる。私が健康に見出した有用性は、単に私だけのものではなく、「目的の概念」を根拠に健康を規定するすべての人に必然的に共有される。

趣味判断と非趣味判断

以上を踏まえて、先に引用した『判断力批判』第一節における文言の解釈を確定しておこう。

われわれは、或るものの表象を、悟性を通じて、認識のために客観と関係づけるのではなく、（おそらくは、悟性と結びついた）構想力を通じて、主観および主観の快／不快の感情と関係づけることで、或るものが美しいか、美しくないかを判別するunterscheiden。（V 203）

趣味は、快／不快の感情に基づいて、対象が美しいか、美しくないかを判定する能力である。快の感情には種類があり、そのなかでも、「悟性と結びついた構想力を通じた」（ibid.）感情、つまり構想力と悟性の「狭義の調和」（「自由な戯れ」）によって生み出される感情に趣味の判定が基づく場合にのみ、「或るもの（或る対象）が美しい」という趣味判断が下される。

一方で、それ以外の快／不快の感情を根拠とする場合には、「その対象は美しくないnicht schön」という判断が下される。ただし、それらの感情のうち、構想力と悟性の「不調和」から生み出される不快の感情だけは、「狭義の調和」による快の感情と同等の特徴を持つとともに、その反対であるゆえ、そうした不快の感情に基づく判断は、美しさの反対、つまり醜さを言明することになる。また、醜さに関わる不快の感情以外の快／不快の感情に基づく場合には、対象の快適さや不快適さ、善さや悪さが言明される。それゆえ、引用の「美しくない」という表現のなかには、「醜さ」に加えて、快適さ、不快適さ、善さ、悪さ、有用さ、無用さといった意味が含意される。

よって、先の引用は次のように解釈することができる。私たちの趣味は、何らかの対象を「悟性と結びついた構想力を通じた」(ibid.) 快の感情に基づいて判定する場合、その対象を「美しい」と判別する unterscheiden (美しくないものから区別する)。これとは対照的に、趣味が「悟性と結びついた構想力を通じた」不快の感情に基づいて対象を判定する場合、その対象を「醜い」と判別する (美しいものと、それ以外の美しくないものから区別する)。これが、趣味による美醜の判断である。他方で、「悟性と結びついた構想力」にはよらない快/不快の感情に基づいて判定を行う場合には、対象は「美しくない」(美しくも醜くもない) ものとして判断される。この判断は、「美しくないもの」(快適さ、不快適さ、善さ、悪さ、有用さ、無用さなど) を言明する非趣味判断 (感覚についての判断、道徳的/技巧的・実践的な認識判断) になる。

このように、構想力と悟性の連関 (「狭義の調和」ないし「不調和」) による快の感情と不快の感情 (「不調和」による不快) がある限り、趣味は、美しいものを美しくないものから判別するだけの能力ではなく、さらに醜いものをも判別する能力として理解されるのである。

醜さの趣味判断

醜さの趣味判断のあり方や特徴は、美しさの趣味判断のそれと同等のものにならなければならない。それを確認するために、ここでは醜さの趣味判断がいかなる判断であるのかを考察しよう。

まず、醜さの趣味判断がいかにして下されるのか、その判断が成立するあり方については、ここまでに見てきた通りであるが、いま一度簡単に振り返っておこう。私たちは、趣味によって、快の感情に基づいて対象の美しさを判定するように、不快の感情に基づいて対象の醜さを判定する。ただし、そのための不快の感情は、どんな不快の感情であってもいいわけではなく、美しさを判定するための快の感情と対等で反対の感情でなくてはならない。つまり、それは、美しさの趣味判断を規定する快の感情と同じく、構想力と悟性からなる心的状態によって生み出される不快の感情でなければならない。要するに、醜さの趣味判断は、私たちが、或る対象に出会った際に、構想力と悟性によって形成される特定の心的状態、より正確に言えば、構想力と悟性の「不調和」という心的状態を抱き、その状態に感じる不快の感情に基づいて下されるのである。醜さの趣味判断が成立するあり方は、「調和」とそれに由来する快の感情に基づいて、美しさの趣味判断が成立するあり方と類比的である。

次に、醜さの趣味判断はいかなる特徴を備えているのであろうか、判断そのものの特徴について見ていこう。

第一に、醜さの趣味判断は関心を欠く判断である。というのも、判断を規定する不快の感情が、認識能力の連関から生み出される点で、欲求能力と、それによる目的や意図とは一切関係しないからである。醜さの趣味判断は、私たちの意欲や欲望といった欲求の動きを一切表現せず、それゆえに、何かを贔屓したり、特権的なものと見なしたりすることはない。例えば、友人の絵を醜いと私が判断するのは、優越感に浸るためでも、その絵をけなすと得をするからでもない。こうした意味で、醜さの趣味判断は「党派的」（V 205）ではない判断なのである。

第二に、醜さの趣味判断は、主観（私）の感情に基づく点で単称判断であるにもかかわらず、あらゆる主観（他者）に対して、自身の判断に賛同し、一致することを要求する普遍的な判断でもある。というのも、醜さの趣味判断の根拠である不快の感情があらゆる人に伝達されうるという性質、つまり「普遍伝達可能性」を持っているからである。この特徴は、不快の感情が、普遍的に伝達可能な「認識一般」を可能にする心的状態によって生み出されることに由来する。つまり、醜さの趣味判断は、あらゆる他者が私の判断に一致・賛同することを要求し、「主観的普遍性」あるいは「主観的普遍妥当性」を要求する。例えば、私が友人の絵を醜いと判断するとき、それと同時に私は、その際に用いた不快の感情の「普遍伝達可能性」に従い、あらゆる人が私の判断に賛同すべきであると要求する。このように、醜さの趣味判断は、あらゆる他者の賛同を要求する普遍的な判断なのである。

第三に、醜さの趣味判断は合目的的である。この判断を規定する根拠である不快の感情は、「不調和」を源泉とするものではあるが、「不調和」は、既述のように、構想力と悟性が「認識一般」を目的とした合目的的な心的状態である。それゆえ、不快の感情も、それに基づく趣味判断も合目的的なものになる。醜さの趣味判断は、たしかに、欲求とは無縁である限り実践的な目的を欠くものの、認識能力が設定する認識的な目的に対して合目的的な判断である。

第四に、醜さの趣味判断は、あらゆる人が自身へ賛同することを必然的なものとする判断である。この特徴は、先に見た第二の特徴と連関している。醜さの趣味判断を規定する不快の感情は、あらゆる人に共通・伝達しうる特徴、つまり「普遍伝達可能性」を持つ。それゆえ、この感情に基づく趣味判断は、おのずとあらゆる人の賛同を要求する判断であり、その要求は必然的なものになる。この意味で、醜さの趣味判断は、自身の普遍性に対して必然性を持つ判断である。

カントは、『判断力批判』において、美しさの趣味判断を四つの契機から分析し、四つの特徴を明らかにした。美しさの趣味判断は、第一に、無関心な判断であり、第二に、普遍的な判断であり、第三に、合目的的な判断であり、第四に、必然的な判断である。以上で確認してきた醜さの趣味判断の特徴は、まさにこれらの美しさの趣味判断の特徴に一致する。

醜さの趣味判断のあり方や特徴は、美しさの趣味判断のそれと、類比的であるか、一致している。醜さの判断は、美しさの趣味判断と同様に趣味判断であり、美しさの趣味判断と同等な判断なのである。いまや、醜さの趣味判断を美しさの趣味判断の対等な反対判断であると断言できる。

第二節　純粋な醜さとは何なのか？

純粋な醜さ

以上で、醜さの趣味判断が美しさの趣味判断の対等な反対として成立することが明らかになった。しかし、最大の問題は、それによって言明される醜さがいかなるものであるのかという点である。これが説明できなければ、本書の美学理論は机上の空論になってしまう。

ところで、趣味判断によって言明される美しさは、次の意味で純粋な美しさとされていた。

少しでも関心が混じっている美しさの判断は、極めて党派的であり、純粋な趣味判断ではない。（V 205）

趣味判断が言明する美しさが純粋であるのは、それを言明する判断に「関心」が混入されないからである。無関心な美しさは、何か特定の意欲や欲望、目的や意図、派閥や利益に影響されない。この美しさは、一切の欲求から独立しているという意味で純粋である。私が登山の途中に見たチングルマは、売れてお金になるから美しいのでも、可愛らしさが私の欲望を掻き立てるから美しいのでもない。チングルマは一切の欲求から離れてただただ美しい。純粋な美しさは、何かに偏ったり、何かを贔屓したりすることなく、公平で中立的な美しさなのである。

こうした純粋な美しさのあり方に対して、趣味判断が言明する醜さも同様に純粋なものである。この判断が根拠とする不快の感情が関心を欠く限り、それによって言明される醜さも、一切の欲求から独立した純粋なものにならざるをえないからである。この醜さも公平で中立的である。私が、友達の絵を「醜い」と言明するのは、友達を悪く言うことで立場を上にできるからでも、その絵を生理的な忌避の対象にするからでも、その絵の内容が道徳に反するからでもない。その絵は、欲求的なもの（利益、嫌悪、悪）から離れて、ただただ醜いのである。

ここで注意しなければならないのは、純粋な醜さが特権的なもの、あるいは、他の種類の醜さに対して優位にあるものではないということである。これは、純粋な美しさについても同様である。つまり、カント美学から、美醜の至上主義が帰結するわけではない。純粋な美醜は、美学的な分類のうえで必要になるだけである。それらを特権視・特別視することは、むしろ不純物、すなわち、社会的な欲求、政治的な欲求、生理的な欲求、道徳的な欲求などを美醜に混入させることに他ならない。カント美学が特筆に値するのは、純粋な美醜を特権的なものとしたからではなく、美学史上はじめて純粋な美醜を別種の美醜から独立させる構造とロジックを用意したからである。

純粋な醜さの消極的な説明

それでは、こうした純粋な醜さとは、一体いかなるものであるのか。どのようにイメージをすればよいのだろうか。

まず、美しさの趣味判断を下す場合も、醜さの趣味判断を下す場合も、特定の具体的な対象、例えば、バラ、チングルマ、オオコンニャク、友達の絵が、いついかなるときも同じように美しい／醜いと判定されることはない。カント美学では、どんなときにも例外なく美しい／醜いと判定される対象は存在しない。なぜなら、「われわれは、〔……〕主観および主観の快／不快の感情と関係づけることで、或るものが美しいか、美しくないかを判別する」（V 203）からである。対象の美醜を決定するのは、対象ではなく私たちの主観である。そのため、同じ対象についても場合によっては異なる判定がなされる。今年の登山ではチングルマを美しいと判定しても、来年の登山では、もしかすると醜いと判定するかもしれない。あるいは、私はチングルマを美しいと判断するが、一緒に登る友人は醜い（あるいは、美しくない）

図3　J・フェルメール《真珠の耳飾りの少女》

と判定するかもしれない。美醜の判定が対象に従うのではなく、対象が美醜の判定に従うのである。ここには、カントのいわゆる「コペルニクス的転回」の美学版を見て取ることができる。

極論を言えば、あのJ・フェルメール《真珠の耳飾りの少女》（1665頃，図3）でさえ醜いと判定することができ、逆に、J・スターバック《ヴァニタス：先天性色素欠乏症と拒食症患者のための肉のドレス》（1987，図4）であっても（このドレスは、生肉が腐敗し、臭気を放ちながら朽ちていく過程までをも含めた作品であり、鑑賞者に不快感や吐き気を感じさせた）、美しいと判定することができる［17］。

このように、カント美学は、不変な美しいもの／醜いものという存在を認めない。そのため、特定の対象が美しいものの典型であるとか、特定の作品が醜いものの代表であるとか、そのような断定を行うことはできない。しかし、そうなると、純粋な醜さの具体例を示すこともできないように思われる。純

図4　J・スターバック
《ヴァニタス：先天性色素欠乏症と拒食症患者のための肉のドレス》

粋な醜さについて具体的なイメージを持つことは不可能なのであろうか。

ところで、醜さの趣味判断の規定根拠である不快の感情は、認識能力の「不調和」という心的状態に由来した。「不調和」は、構想力と悟性が「調和」（「広義の調和」）を保ちながらも、構想力へと偏りバランスを欠いた比率で連関したものであった。そうした比率を決定する要因は異常に自由な構想力の働きに求められたが、次の一文は、客観（対象）にもその要因があるよう思わせる。

> 認識諸能力のこの調和〔＝「広義の調和」〕は、与えられた客観の差異に応じて異なった比率を持つ。（V 238）

〔17〕カント美学は、伝統的・権威的な美しさに疑義を呈したダダイズムや、理性中心主義・男性中心主義的な芸術概念に挑戦したフェミニストアーティストの活動を無効にしてしまう可能性を持つ。なぜなら、それらの活動が利用する美に反する美的性質（醜さ、嫌悪、キッチュさなど）を持つ作品であっても、カントの美学理論によると、「美しい」と判定できてしまうからである。

これは、客観ないし対象が私たちの心的状態や判定を規定する、つまり、判定が対象に依存するという、カントが否定した事態を支持するかのように見える非常にミスリードな文言である。しかし、ここにきて、『純粋理性批判』から堅持されてきた「コペルニクス的転回」のモデルが変更されたとは考えがたい。そのため、次のように理解するのがよいだろう。すなわち、私たちの心的状態や判定をいつも必ず同じあり方に規定する特定の対象こそ存在はしないが、諸対象のなかには、経験的に、それに対して私たちが一定の心的状態を抱きやすく、一定の判定をしやすくする対象が存在する。したがって、「調和」という心的状態が抱かれやすく、美しいと判定されやすい対象とともに、「不調和」を抱かれやすく、醜いと判定されやすい対象も存在する。この対象にこそ純粋な醜さの具体例を見出すことができるのではないだろうか。

それでは、どんなものが醜いと判定されやすい対象なのであろうか。純粋な醜さが私たちの欲求および欲求に関連する事柄とは無縁である限り、欲求を意識させることがあるものが醜いと判定されることはまれであろう。したがって、以下のようなものは、純粋な醜さの具体例には相応しくない。吐瀉物や生き物の腐乱死体など、生理的な欲求に関わるもの、人間の残虐性や非道を表す作品など、道徳的な欲求に関わるもの、あるいは、民族的な差別や疫病など、社会的な欲求に関わるもの、議会での詭弁や欺瞞、策略など、政治的な欲求に関わるもの、等々である。欲求と関わらないものの方が、純粋に醜いと判定されやすいと考えられる。

純粋な醜さの積極的な説明

しかし、この説明は消極的であり、どんなものが純粋に醜いものになるのか、いまだそのイメージは不明瞭である。そこで次に、純粋な醜さ、あるいは、醜いものを積極的な仕方で説明することを試みたい。

そこで注目したいのが、「不調和」という心的状態に相応する対象として呈示された具体例である。「不調和」とは、第五章第一節で明らかにした通り、構想力が異常なほど自由に働き、それゆえに、その働きに偏った比率にある心的状態であった。構想力の自由を「グロテスクさにせまるまでに駆り立てる」（V 242）対象について、カントは次のように論じていた。

> 庭園における英国趣味や家具におけるバロック趣味は、構想力の自由をむしろグロテスクさにせまるまでに駆り立てる。（V 242）

庭園における英国趣味が問題とする対象は、18世紀初頭のイギリスの庭園、つまり「風景式庭園」であった。バロック趣味の対象は、その名の通り「バロック様式」（図5）の家具や建築、調度品などであろう。両者に共通するのは、特定の法則や秩序を欠いた構成を持つという特徴である。「風景式庭園」は、没規則的のありのままの自然から構成され、「バロック様式」も、秩序を欠いた図や柄、布置を持つ。しかし、これでは、秩序や規則といった法則的なものがないという消極的な特徴を明らかにしただ

図5　アザム教会

けであり、またもや消極的な説明に終わってしまう。これらの対象に、積極的な特徴はないのだろうか。

　さて、これも第五章第一節において明らかにしたように、「不調和」という心的状態を構成する構想力は、異常なほどに自由に働き、悟性に対して、未開拓の素材（イメージ）を必要以上に提供する。構想力と悟性は協働するが、構想力の異常な働きに偏りがあり、歪な比率で連関する。だからこそ、この心的状態は「不調和」なのであった。とはいえ、構想力と悟性とは、なんとか「広義の調和」は保っており、何らかの認識を成立させはする。ここで成立した認識は、イメージの提供が豊富すぎるがあまり、対象の描出という点においてつねに正確さを欠き、安定しない。この認識は、或るイメージを概念に結びつけても、すぐにまったく異なるイメージが提供されるので、瞬く間に覆され、刷新されてしまう。「風景式庭園」の一角には、不規則に植えられて成長した樹々や花々があり、とげとげした枝葉も丸い枝葉も、赤い花も青い花も、真っ直ぐな茎も曲線の蔓も、多種多様なものが無造作に入り交じっている。これらの樹々や花々を認識しようとする際、私たちの認識は安定しない。「真っ直ぐな茎には、赤い花がついている」と認識しても、再びその一角に目をやると、その不規則で無造作の構成や配置のために、今度は、「真っ直ぐな茎の先にとげとげした枝葉がついている」、「茎に蔓が絡まっている」等々、別の認識へと刷新せざるをえなくなる。これは、「バロック様式」を持つ家具や建築についても同様である。無機物、生物、天使が連結させられたり、植物と金属文様が融合させられたりと、こちらも多種多様なものが入り混じり、やはり私たちは、安定した認識を持つことができない。

これらの対象に共通する積極的な特徴とは何であろうか。それは、「複雑さ」である。この複雑さは、多種多様で、無造作で、不規則な複雑さであり、「乱雑さ」と言った方が正確かもしれない。要するに、「風景式庭園」も「バロック様式」も、その構成からして複雑・乱雑であり、そのような特徴を持つからこそ、それらに対しては「不調和」という心的状態が形成されやすいというわけである。

ここにきて、私たちは、純粋な醜さの積極的なあり方にいたり、その明瞭なイメージを持つことができる。純粋に醜いもの（正確には、醜いと判定されるもの）とは、複雑で乱雑なものなのである。「風景式庭園」や「バロック様式」以外にも、複雑さ・乱雑さを特徴とする具体的な対象には、例えば、放置された植え込み（図6）、H・ボス《快楽の園》（1503-04, 図7）、木星の赤斑（図8）、ペイズリー柄（図9）などをあげることができるだろう。

図6　放置された植え込み

図7　H・ボス《快楽の園》

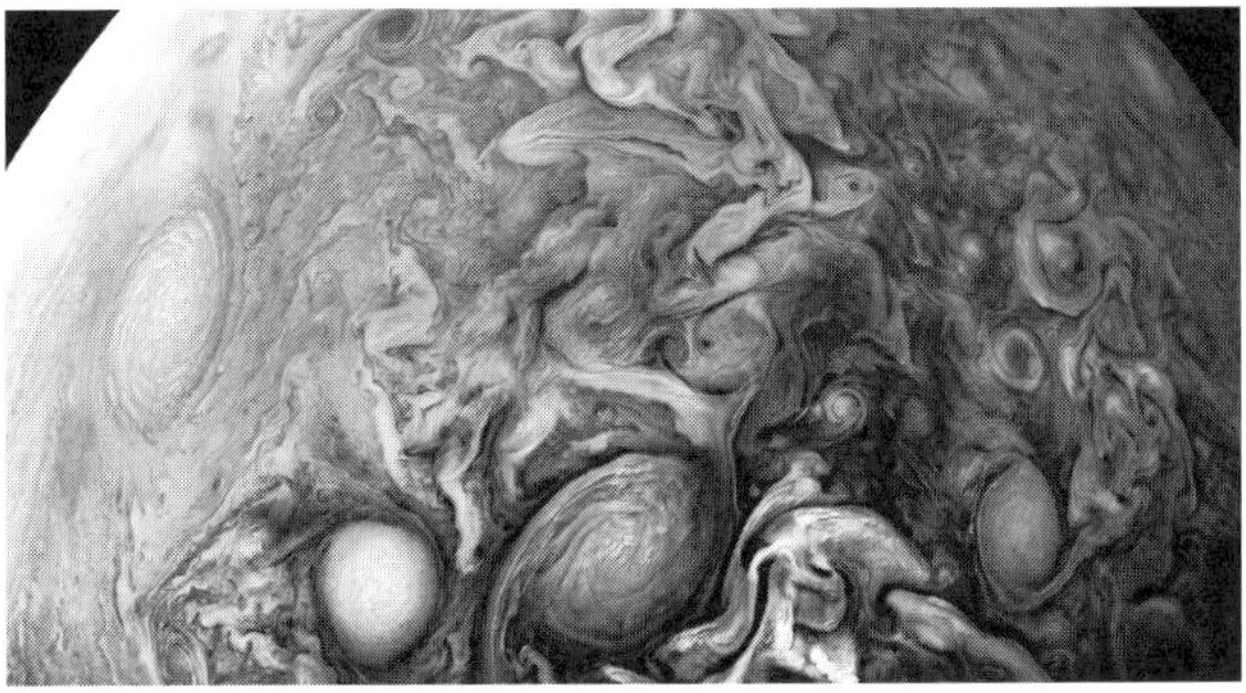

図8　木星の赤斑

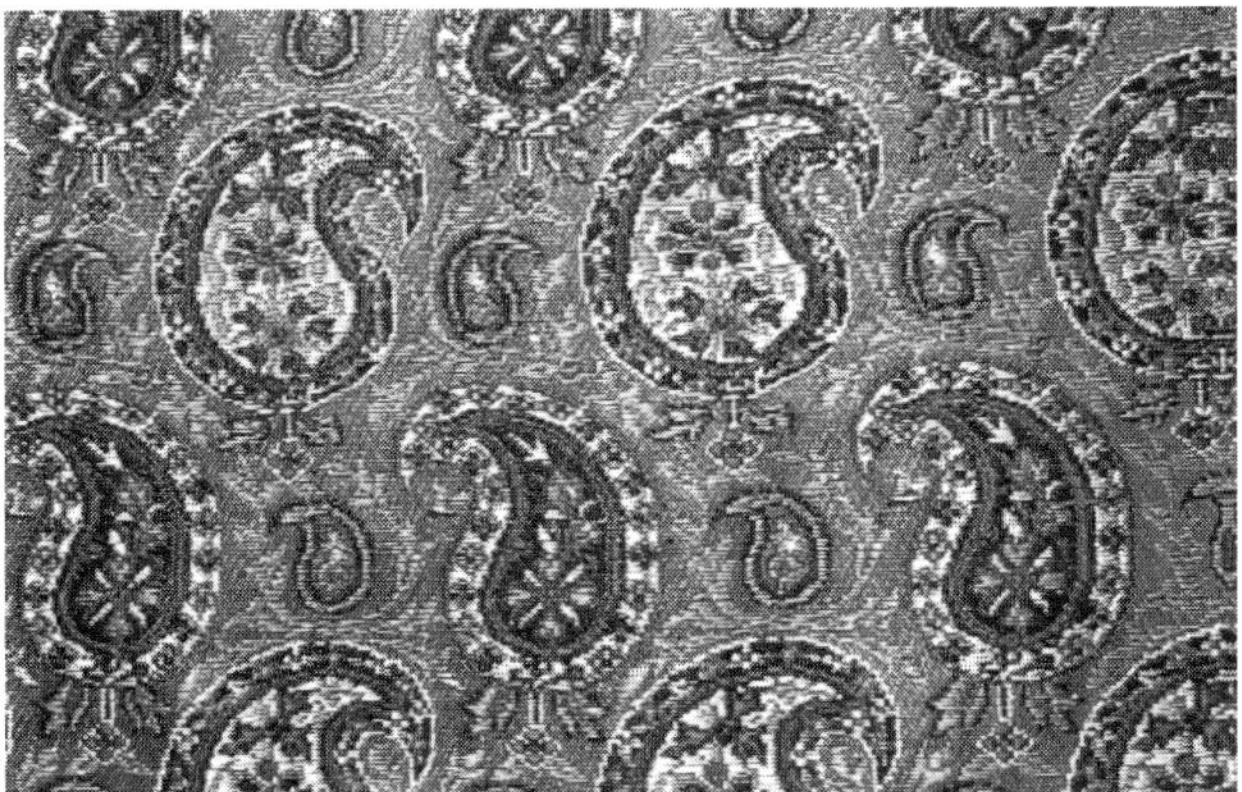

図9　ペイズリー柄

純粋な醜さとしての複雑さ、乱雑さ

以上から、純粋に醜いものは、複雑で乱雑なものであり、純粋な醜さは、複雑さ・乱雑さであると説明することができる。しかしながら、複雑なものすべてが純粋に醜いものにはならないし、複雑であれば醜いわけでもない。複雑さにも種類が存在する。そこで、純粋な醜さとして説明される複雑さ・乱雑さがいかなるものであるのかをより厳密にしていきたい。

例えば、「ロマネスコ」や「蓮の花托」など（図10）は、生理的な気持ち悪さを惹起させる複雑なものである。このいわば生理的な複雑さは、純粋な醜さからは区別される。それは、この複雑さは私たちの生理的な欲求に関係するからである。他にも、雪の結晶やミツバチの巣（図11）などは、規則的な複雑さを特徴とする。この複雑さも、その規則性のゆえに純粋な醜さからは区別される。このように複雑さを検討することで、純粋な醜さとしての複雑さの消極的な解明を進めることはできる。しかし、ここでも私たちは、その積極的な解明を試みてみたい。

これまでに見た具体例のなかでも、とくにカント自身があげていた「風景式庭園」と「バロック様式」にもう一度注目しよう。これらの対象が持つ複雑さ・乱雑さは、認識能力の次のような働きに呼応している。すなわち、イメージを概念化する悟性に対して、イメージの提供を行う構想力の方が強く作用する仕方で、構想力と悟性とが協働で認識を成立させるという働きである。結果として、豊富すぎるイメージの提供のために対象の描出が安定せず、覆され、刷新されることになる認識が成立する。それゆえ、ここでの複雑さ・乱雑さは、認識の成立およびその覆しという事態と、そこでの認識の不安定さを表現

図10　ロマネスコと蓮

図11　雪の結晶とミツバチの巣

する特徴として理解される。

例えば、ボス《快楽の園》は、人間、獣や怪物、巨大な果実?、人体の一部、建築物など多種多様なものが脈絡なく（全体としては、『創世記』がモチーフと考えられているが）配置されており、これを見た者は、何度も何度も認識を改めさせられる。対象側から見れば、《快楽の園》は私たちの認識能力および認識を撹乱しているとも言えるだろう。このように、純粋な醜さとは、私たちの認識を撹乱し、その不安定さに寄与する認識的な複雑さ・乱雑さなのである。

おわりに

本章では、純粋な醜さを言明する判断が、純粋な美しさを言明する趣味判断の同等の反対であり、まったく同じ特徴（無関心性、普遍性、合目的性、必然性）を有する趣味判断であることを確認した。

また、本章では、そこで言明される純粋な醜さがいかなるものであるのかをも明らかにした。まず、純粋な醜さは、生理的な醜さ（吐瀉物や腐乱死体など）、道徳的な醜さ（残虐さや非道さなど）、社会的な醜さ（差別や疫病など）、政治的な醜さ（策略や欺瞞など）からは区別される。これらの醜さは、私たちの欲求および関心に影響する点で純粋ではないからである。純粋な醜さとは、欲求とは無関係に、感情とその源泉である認識能力の連関にのみ由来する、その意味で、認識的な醜さと定義することができる。さらに言えば、純粋な醜さを言明する心的状態、つまり構想力と悟性の「不調和」は、私たちの認識の不安定さにつながっており、この不安定さは、対象の規則や法則を欠く複雑さ、つまり乱雑さとして現れる。よって、認識を撹乱する複雑さ・乱雑さこそが純粋な醜さの内実に他ならない。

結論

醜さの「美学」

本書は、対象の醜さを言明する判断がいかなる判断であるのか、いかにして可能であるのか、そこで言明される純粋な醜さとはいかなるものであるのか、これらの問題を『判断力批判』に基づいて明らかにしてきた。『判断力批判』に潜んだ醜さについてのわずかな理論的要素を掘り起こし、再構成することで、純粋な醜さを説明する一つの美学理論を構築した。

本書の理論は、「はじめに」において紹介した醜さの理論のタイプに照らせば、「醜の理論」に分類される。「醜の理論」は、美しさの欠如としての醜さや、美しさおよび崇高としての醜さではなく、固有の根拠に基づいて、端的な醜さ、つまり純粋な醜さを説明する理論である。本書も、「不調和」という固有の根拠から純粋な醜さを説明する点で、この「醜の理論」に属する。

さて、これまでの「醜の理論」は、感覚さえも不可能な絶対的な他者を根拠に置くことで、美的（情感的）性質ではない醜さ、もっと言えば、反美学的な醜さを論じる理論であった。ここでの醜さは、美学から独立したという意味でも純粋なものであり、美しさの反対概念にはならない。これに対して、本書は、私たちの心的状態と、その状態の表れである感情を根拠に純粋な醜さを論じた。それゆえ、その醜さは、まさに美的な性質に他ならない。しかも、純粋な醜さの根拠として見出された心的状態は、純粋な美しさの根拠である心的状態の反対であることから、ここでの醜さは、美しさの反対概念となる。要するに、本書の理論は、純粋な醜さを説明する美学理論であり、美学の枠内にとどまるという点で、既存の「醜の理論」からは区別される。だからこそ、本書の理論は「醜さの美学」と呼ぶに値する。

したがって、本書は、純粋な醜さを説明する「醜の理論」の新たなヴァリエーションとして位置づけられる。これにより、純粋な美しさに対置される純粋な醜さを説明することが可能となり、これまで「醜の理論」が取りこぼしてきた部分が補完される。ただし、本書の理論による説明は、カントの美学理論が私たちの認識やその能力に依存する限り、認識（論）的な性格を持つ。おそらくは、認識（論）的なアプローチ以外にも、純粋な美に対置される純粋な醜さを説明する仕方はあるはずである。本書は、そうした醜さへの他のアプローチを否定するものではなく、あくまでも、一つの「醜さの美学」を提案するにすぎない。

今後の課題

まずは、純粋な醜さと道徳がいかなる関係にあるのか、という問いの解明をあげることができる。「はじめに」や第四章第四節などですでに見たように、カントにとって、純粋な美しさは、「自然の合目的性」との関係から、この世界において道徳が実現可能になることの徴標であり、美しさと道徳のあいだには切っても切り離せない密接な関係がある。純粋な美しさは道徳に貢献すると言っても過言ではないだろう。これに対して、醜さの場合はどうなるのかと言えば、純粋な醜さも、自由と自然とを媒介する「自然の合目的性」を前提する以上（第五章第三節を参照）、理論的には、美しさの場合と同様の関係を道徳と結ぶことになるはずである。しかし、醜さが道徳に貢献するという事態を想像するのは簡単ではない。そのため、いかなる意味で、どのようにして醜さが道徳に貢献するのか、説明する必要がある。この課題は、醜さを説明するためにカント美学を参照したことから生じたカント哲学に内在的な問題であると言える。

次の課題は、本書が解明した純粋な醜さと、他のさまざまな醜さとの関係を解明することである。例えば、本論で何度か論じてきたように、生理的な醜さ（吐瀉物や腐乱死体）、道徳的な醜さ（残虐な行為）、社会的な醜さ（差別や疫病）など、醜さには、純粋な醜さ以外にもさまざまな種類が存在する。また、「はじめに」で紹介・分類した醜さの理論のタイプに従えば、欠如としての醜さや崇高としての醜さなど、醜さにはより多くの種類を考えることもできる。これらの種々の醜さは関係し合うものなのか、もし関係するとすれば、いかにして関係するのだろうか。この問いは、醜さの体系化の問題とも言い換えることができる。

この問題にカント美学に内在して答えるなら、醜さの種類のなかには関係性を持つものがあり、それらは一定の体系をなすと言うことができるだろう。例えば、純粋な醜さと、（本論では扱えなかったが）崇高としての醜さとの関係を考えてみよう。私たちは、或る対象が崇高であると判断するとき、構想力と理性によって構成される心的状態を感じ取っている。崇高は、構想力と理性の連関とその感情に基づく。ところで、純粋な醜さは何に由来するのかと言えば、構想力と悟性の連関（「不調和」）であった。つまり、カント美学においては、純粋な醜さと崇高としての醜さが構想力の働きを通じて関係する可能性がある。さらに、構想力に関連する醜さの種類が明らかになれば、構想力を軸に醜さを体系化することもできるだろう。もちろん、醜さを説明する理論はカント美学だけに限られるわけではないので、他のタイプの美学理論に照らせば、醜さの体系化はいくつかのあり方において可能になるはずである。この醜さの体系化の問題は、カント美学にのみ固有の問題ではなく、美学一般の問題として捉えるべきである。

最大の問題と課題

最後に、カント美学に関連したもっとも大きいと思われる問題を指摘しておこう。それは、カント美学に基づいた純粋な醜さの説明が「認識（論）的」であるという点に見出される。これまで見てきた通り、純粋な美醜は反対概念であり、それぞれが、快の感情と不快の感情、そして、「調和」と「不調和」という固有の根拠を持つ。しかし、やはり何度も論じてきたように、それらの心的状態は、構想力と悟性という認識能力によって構成され、認識の成立を目的にする。「調和」も「不調和」も、構想力と悟性が認識を成立させるために広義に調和している状態である。「不調和」には、たしかに構想力の働きに偏りがあるものの、それは「調和」の崩壊を意味せず、あくまでも、広い意味での「調和」（「広義の調和」）の状態にあるものの、それは「調和」と「不調和」は、「認識的な調和」という枠組みのなかに位置づくのである。すなわち、純粋な美醜は「認識的な調和」のもとでのみ可能になる。

そこに確認されるのは、いわゆる「超越論的」と呼ばれる、認識との関係から美醜を可能にする構造であるが、この構造は、美醜の概念を「理性的なもの」の内部に封じ込めることになる。ところで、C・コスマイヤーが批判するように、近代哲学・美学では、理性（知性）と感情に男性性と女性性が割りあてられ、理性と男性性が中心に置かれてきたのに対して、感情と女性性は脇に追いやられ、場合によっては否定・排除されてきた（cf. Korsmeyer 2004）。ここには、男性を中心としたジェンダー秩序が存在する。それゆえ、本書が構築した「醜さの美学」は、そのような認識に定位した超越論的構造を持つ限り、醜さの概念に対して、そのような男性中心的なジェンダー秩序を維持、強化しているとも言える。

私たちは、こうした事態を、十八世紀の時代的限界として甘受すべきではなく、やはり批判の対象にすべきである。しかし、カント美学に内在して、その限界を超える術は存在するのだろうか。それを考えることこそが、カント美学のアクチュアリティにとって最大の課題になるように思われる。

あとがき

今回の「あとがき」も、8月の別府で書いている（かえりちりめんをつまみに、舞香を飲みながら）。思えば、本になる原稿はどれも別府で執筆している。ここに住めば何冊も書けるのではないだろうか？　今年も別府の夏は灼熱である。まあ、日本全国そうなのだけれども。ただ、温泉がある灼熱と、温泉がない灼熱とでは雲泥の差だ。灼熱のなか温泉に入り、冷えた酒を飲むと、最高に気持ちがいい。結果、原稿も捗る。だったら、温泉があるところどこも同じじゃないのかという声が聞こえてきそうだが、別府は、宿の近くに居酒屋がひしめき合っているのもよい。美味しいご飯とお酒をご褒美にすれば、頑張れる気がするし、実際頑張ることができた（居酒屋「一粋」には毎回お世話になっている）。おかげで、いま「あとがき」が書けているというわけだ。温泉が好きな人、お酒が好きな人は別府での執筆がオススメだ。

このテーマで本を書こうと思ったのは、というか、美学・哲学の研究を始めたきっかけは、父方の祖母悦子であった。前著の『カント『判断力批判』入門　美しさとジェンダー』（よはく舎，2023）でも書いたが、祖母は、よく僕を美術館に連れて行ってくれた。これが苦痛でたまらなかった。理由は簡単で、芸術作品がよくわからなかったからだ。なぜそれが美しいとされているのか、全然わからなかった。それに美術館には、見た目が悪く醜い作品もあった。「美」術館なのになぜ?と思い、余計に困惑した。みんなどうしてお金をはらってそれらを見に行くのか、皆目検討がつかなかったのである。祖母は「わからない」をくれた。思えば、そのとき僕の哲学はもう始まっていたのだろう。僕の哲学の原風景はそこにあるのだと思う。ただ、ばあちゃんが生きているあいだに本書を贈れなかったのは本当に残念である。

本書を担当してくださったのは、前著と変わらずよはく舎の小林えみさんであった。いつもながら感謝です!次の本もどうぞよろしくお願いします。

本書の表紙のイラストを書き下ろしてくださったグラフィックデザイナーのKengo Shiroshitaさんにも感謝を申し上げたい。僕は仲間と一緒に北九州市でFindというリサイクルショップを営んでいる。同じビルの三階でPozyというスタジオを構えているがKengoさんだった。作品を見たとき、描いてもらいたい!という直感があったけど、お願いするのは、本書のテーマがテーマだけに躊躇した。でもやっぱり描いてもらいたいとお願いしたところ、快諾してくださった。思想系の本だと、「哲学者の顔を使う」というルールがあるのかってぐらい、おっさんの顔が並んでいる(ここには哲学とジェンダーの問題があるけど、この問題については次の本で扱う予定)。それか、なんか幾何学的なデザイン。研究書の表紙はもう少しデザインに気を配ってもいいのではないでしょうか。なので、表紙を見て「いいな!」と感じた研究者、文筆家の方は、Kengo Shiroshita (https://www.instagram.com/kengo_free_p/) までぜひご依頼下さい。

最後に、家族とパートナーに感謝!!(お母さんは膝早くよくなるといいね)。

＊本書は、勤務先である北九州市立大学の特別研究推進費「女性を抑圧するフェミニスト・アート？：トランスの女性と少女の表象を事例として」、および日本学術振興会科学研究費「『醜の美学』の体系化：カント美学をたよりに」（課題番号：24K15926）の研究成果の一部です。また、本書の出版は北九州市立大学学長選考型研究費Bから助成を受けて実現しました。当該制度を存続させてくださった柳井雅人学長にはこころよりの感謝を申し上げます。

Ergänzungshefte 137, Walter de Gruyter, 2000.

Wilson, Ross. Subjective Universality in Kant's Aesthetics, Peter Lang AG, 2007.

Wollheim, Richard. "Criticism as Retrieval", *Art and Its Objects*, Cambridge University Press, 1980.

Zuckert, Rachel. The Purposiveness of Form: A Reading of Kant's Aesthetic Formalism, *Journal of the History of Philosophy* 44(4): 599-622, 2006.

Zuckert, Rachel. *Kant on Beauty and Biology: An Interpretation of the Critique of Judgment*, Cambridge University Press, 2007.

Zammito, John H. The Genesis of Kant's "Critique of Judgment", The University of Chicago Press, 1992.

Lorand, Ruth. Beauty and its Opposites, *The Journal of Aesthetics and Art Criticism* 52(4): 399-406, 1994.

Makkreel, Rudolf. *Imagination and Interpretation in Kant: The Hermeneutical Import of the Critique of Judgment*, The University of Chicago Press, 1990.

Matthews, Patricia. *The Significance of Beauty: Kant on Feeling and the System of the Mind*, Kluwer, 2010.

McCloskey, Mary. *Kant's Aesthetic*, State University of New York Press, 1987.

McConnell, Sean. How Kant Might Explain Ugliness, *British Journal of Aesthetics* 48(2): 205-228, 2008.

McGinn, Colin. *The Meaning of Disgust,* Oxford University Press, 2011.

McMahon, Jennifer. *Aesthetics and Material Beauty: Aesthetics Naturalized*, Routledge, 2007.

Meerbote, Ralf. Reflection on Beauty, *Essays in Kant's Aesthetics*, ed. Ted Cohen and Paul Guyer, 55-86, University of Chicago Press, 1982.

Menninghaus, Winfried. *Ekel: Theorie und Geschichte einer starken Empfindung*, Suhrkamp Verlag, 1999.

Menzer, Paul. *Kants Ästhetik in ihrer Entwicklung*, Berlin Akademie Verlag, 1952.

Meyer-Abich, Klaus Michael. *Wege zum Frieden mit der Natur. Praktische Naturphilosophie für die Umweltpolitik*, Carl Hanser Verlag, 1984.

Miller, William Ian. *The Anatomy of Disgust*, Harvard University Press, 1997.

Phillips, James. Placing Ugliness in Kant's Third Critique: A Reply to Paul Guyer, *Kant- Studien* 102(3): 385-395, 2011.

Pope, Alexander. *The Guardian*, No. 414, 29 September 1713.

Raven, Francis. Mistaking Judgments of the Agreeable and Judgments of Taste, *Kritike* 2 (2):112-130, 2008.

Rind, Miles. Can Kant's Deduction of Judgment of Taste be Saved?, *Archiv für Geschichte der Philosophie*, Walter de Gruyter 84(1): 20-45, 2002.

Rogerson, Kenneth. *Kant's Aesthetics: The Roles of Form and Expression*, University Press of America, 1986.

Rogerson, Kenneth. *The Problem of Free Harmony in Kant's Aesthetics*, State University of New York Press, 2008.

Rosenkranz, Karl. Ästhetik des Häßlichen, Bornträger, 1853.

Rueger, Alexander. The Free Play of the Faculties and the Status of Natural Beauty in Kant's Theory of Taste, *Archiv für Geschichte der Philosophie* 90(3): 298-322, 2008.

Rush, Fred L. The Harmony of the Faculties, *Kant-Studien* 92(1): 38-61, 2001.

Saito, Yuriko. The Aesthetics of Unscenic Nature. *The Journal of Aesthetics and Art Criticism* 56 (2): 101-111, 1998.

Savile, Anthony. *Kantian Aesthetics Pursued*, Edinburg University Press, 1993.

Schiller, Johann Christoph Friedrich. *Schillers Werke Nationalausgabe*, Weimar, 1943ff.

Schlegel, Johann Adolf. "Anmerkungen über Ekel" in Charles Batteux, *Einschränkung der schönen Künste auf einen einzigen Grundsatz*, Leipzig, 1751.

Schönrich, Gerhard. Kants Werttheorie? Versuch einer Rekonstruktion, *Kant-Studien* 104(3): 321-345, 2013.

Seel, Martin. *Eine Ästhetik der Natur*, Suhrkamp Verlag, 2009.

Shier, David. Why Kant Finds Nothing Ugly, *British Journal of Aesthetics* 38(4): 412-418, 1998.

Strub, Christian. Das Häßliche und die "Kritik der ästhetischen Urteilskraft". Überlegungen zu einer systematischen Lücke, *Kant-Studien* 80(1-4): 416-446, 1989.

Thomson, Garrett. Kant's Problems with Ugliness, *The Journal of Aesthetics and Art Criticism* 50(2): 107-115, 1992.

Wieße, Christian Hermann, *System der Aesthetik als Wissenschaft von der Idee der Schönheit*, Leipzig, 1830.

Wenzel, Christian. Kant Finds Nothing Ugly? *British Journal of Aesthetics* 39(4): 416-422, 1999.

Wenzel, Christian. *Das Problem der subjektiven Allgemeingültigkeit des Geschmacksurteils bei Kant*, Kantstudien-

Ginsborg, Hannah. Aesthetic Judging and the Intentionality of Pleasure, *Inquiry* 46(2): 164-18, 2003.

Ginsborg, Hannah. Kant and the Problem of Experience, *Philosophical Topics* 34(1&2): 59-106, 2006.

Ginsborg, Hannah. Thinking the Particular as Contained under the Universal, *Aesthetics and Cognition in Kant's Critical Philosophy*, ed. Rebecca Kukla, 35–60, Cambridge University Press, 2006.

Ginsborg, Hannah. *The Normativity of Nature*, Oxford University Press, 2015.

Gorodeisky, Keren. Schematizing without a Concept? Imagine that! *Proceedings of the European Society for Aesthetics* 2: 178-192, 2010.

Gracyk, Theodore. Sublimity, Ugliness, and Formlessness in Kant's Aesthetic Theory, *The Journal of Aesthetics and Art Criticism* 45(1): 49-66, 1986.

Guyer, Paul. *Kant and the Claims of Taste*, Cambridge University Press, 1979.

Guyer, Paul. Thomson's Problems with Kant: A Comment on "Kant's Problems with Ugliness", *The Journal of Aesthetics and Art Criticism* 50(4): 317-319, 1992.

Guyer, Paul. *Kant and the Experience of Freedom: Essays on Aesthetics and Morality*, Cambridge University Press, 1996.

Guyer, Paul. Kant on the Purity of the Ugly, *Values of Beauty: Historical Essays in Aesthetics*, ed. Paul Guyer, 141-162, Cambridge University Press, 2005.

Guyer, Paul. The Harmony of the Faculties Revisited, *Aesthetics and Cognition in Kant's Critical Philosophy*, ed. Rebecca Kukla, 162-193, Cambridge University Press, 2006.

Heintel, Peter. *Die Bedeutung der Kritik der ästhetischen Urteilskraft für die transzendentale Systematik*, Bouvier, 1972.

Henderson, G.P. The Concept of Ugliness, *British Journal of Aesthetics* 6(3): 219-229, 1966.

Horstmann, Rolf-Peter. Why Must There Be a Transcendental Deduction in Kant's Critique of Judgment?, *Kant's Transcendental Deductions*, ed. Eckart Förster, 157-176, Stanford University Press, 1989.

Horkheimer, Max. *Über Kants Kritik der Urteilskraft als Bindeglied zwischen theoretischer und praktischer Philosophie*, Frankfurt am Main, 1925.

Hudson, Hud. The Significance of an Analytic of the Ugly in Kant's Deduction of Pure Judgments of Taste, *Kant's Aesthetics*, ed. Ralf Meerbote, 87-103, Ridgeview, 1991.

Hughes, Fiona. *Kant's Aesthetic Epistemology*, Edinburgh University Press, 2007.

Janaway, Christopher, Kant's Aesthetics and the 'Empty Cognitive Stock', *The Philosophical Quarterly* 47(189): 459-476, 1997.

Kalar, Brent. *Demand of Taste in Kant's Aesthetics*, Continuum, 2006.

Kayser, Wolfgang. *Das Groteske: seine Gestaltung in Malerei und Dichtung*, Oldenburg und Hamburg, 1957.

Kemal, Salim. *Kant and Fine Art*, Clarendon Press, 1986.

Kieran, Matthew. Aesthetic Value: Beauty, Ugliness and Incoherence, *Philosophy* 72(281): 383-399, 1997.

Korsmeyer, Carolyn. Terrible Beauties, *Contemporary Debates in Aesthetics and the Philosophy of Art*, ed. Kieran Matthew, 51-65, Blackwell, 2006.

Kulenkampff, Jens. *Kants Logik des ästhetischen Urteils*, Frankfurt am Main, Vitorio Kloster-mann, 1978: 2nd, enlarged edition 1994.

Kulenkampff, Jens. The Objective of Taste: Hume and Kant, *Nous* : 93-110, 1990.

Küplen, Majca. *Beauty, Ugliness and the Free Play of Imagination*, Springer, 2016.

Lohmar, Dieter. Das Geschmacksurteil über das faszinierend Hässliche, *Kant's Asthetik, Kants Äesthetics, L'esthétique de Kant*, ed. Herman Parret, 498-512, Walter de Gruyter, 1998.

Longuenesse, Beatrice. *Kant and the Capacity to Judge*, Princeton University Press, 2001.

Anonymous, *Codex Altonensis*, 14th.
Anthony Ashley Cooper, 3rd Earl of Shaftesbury. *The Moralists* (1709), *Characteristicks of Men, Manners, Opinions, Times*, vol. 2, London, 1733.
Bartuschat, Wolfgang. *Zum systematischen Ort von Kants Kritik der Urteilskraft*, Victorio Klostermann, 1972.
Baum, Manfred. Subjektivität, Allgemeingültigkeit und Apriorität des Geschmacksurteils bei Kant, *Deusche Zeitschrift für Philosophie* 3: 272-284, 1991.
Bäumler, Alfred. *Das Problem der Allgemeigültigkeit in Kants Ästhetik, Dissertation*, Delpin-Verlag, 1915.
Baumanns, Peter. *Das Problem der organischen Zweckmäßigkeit*, Bouvier, 1965.
Baz, Avner. Kant's Principle of Purposiveness and the Missing Point of (Aesthetic) Judgments, *Kantian Review* 10(1): 1-32, 2005.
Böhme, Gernot. *Aisthetik*, Fink, 2001.
Brady, Emily. Ugliness and Nature, *Enrahonar: quaderns de filosofia* 45: 27-40, 2010.
Brandt, Reinhard. Zur Logik des ästhetischen Urteils, *Kants Ästhetik, Kant's Aestheics, L'esthétique de Kant*, ed. Herman Parret, 229-245, Walter de Gruyter, 1998.
Budd, Malcolm. *Aesthetic Essays*, Oxford University Press, 2008.
Burke, Edmund. *A Philosophical Enquiry into the Origin of Our Ideas of the Sublime and Beautiful*, 1756.
Caranti, Luigi. Logical Purposiveness and the Principle of Taste, *Kant-Studien* 96(3): 364-374, 2005.
Carlson, Allen. *Aesthetics and the Environment: The Appreciation of Nature, Art and Architecture*, Routledge, 2002.
Carmichael, Peter A. The Sense of Ugliness, *The Journal of Aesthetics and Art Criticism* 30(4): 495-498, 1972.
Chignell, Andrew. Kant on the Normativity of Taste: The Role of Aesthetic Ideas, *Australasian Journal of Philosophy* 85(3): 415-433, 2007.
Clewis, Robert. *The Kantian Sublime and the Revelation of Freedom*, Cambridge University Press, 2009.
Cohen, Hermann. *Kants Begründung der Ästhetik*, Dümmler, 1889.
Cohen, Ted. An Emendation in Kant's Theory of Taste, *Nous* 24(1): 137-145, 1990.
Cohen, Ted. Three Problems in Kant's Aesthetics, *British Journal of Aesthetics* 42(1): 1-12, 2002.
Costello, Diarmuid. Danto and Kant, Together at Last?, *Danto and His Critics*, ed. Mark Rollins, 153-171, Wiley-Blackwell, 2012.
Crawford, Donald. *Kant's Aesthetic Theory*, The University of Wisconsin Press, 1974.
Crawford, Donald. Kant's Theory of Creative Imagination, *Kant's Critique of the Power of Judgment: Critical Essays*, ed. Paul Guyer, 143-170. Rowman & Littlefield Publishers, 2003.
Debord, Charles. Feist and Communication in Kant's Theory of Aesthetic Ideas, *Kantian Review* 17(2): 177-190, 2012.
Dieter, Henrich. *Aesthetic judgment and the Moral Image of the World*, Stanford University Press, 1992.
Derrida, Jacques. *Economimesis in Mimesis des Articulations*, Aubier-Flammarion, 1975.
Düsing, Klaus. *Die Teleologie in Kants Weltbegriff*, Bonn, 1968.
Fricke, Christel. Kants Theorie der schönen Kunst, In *Kants Ästhetik, Kant's Aestheics, L'esthétique de Kant*, ed. Herman Parret, 674-689. Walter de Gruyter, 1998.
Gibbons, Sarah. *Kant's Theory of Imagination: Bridging Gaps in Judgment and Experience*, Clarendon Press, 1994.
Ginsborg, Hannah. Reflective Judgment and Taste, *Nous* 24(1): 63-78, 1990.
Ginsborg, Hannah. Lawfulness without a Law: Kant on the Free Play of Imagination and Understanding, *Philosophical Topics* 25(1): 37-81, 1997.

高木駿、「自然と自由とを媒介する『自然の合目的性』：『判断力批判』における趣味論の観点から」、『美学』第 71 号 25-36 頁、美学会、2019。

高木駿、「醜さとは何か? :『判断力批判』の趣味論に基づいて」、『哲学』第 71 号 172-183 頁、日本哲学会、2020。

武末祐子、「グロテスク装飾のインパクト」、『フランス語フランス文学論集』第 55 号 69-114 頁、西南学院大学学術研究所、2012。

田中綾乃、「自然に対する義務と人間中心主義 : カント哲学の 人間観を手がかりに」、『『エコ・フィロソフィ』研究』第 3 号 27-36 頁、東洋大学国際哲学研究センター、2009 年。

円谷裕二、『経験と存在──カントの超越論的哲学の帰趨』、東京大学出版会、2002。

円谷裕二、『デカルトとカント── 人間・自然・神をめぐる争い』、北樹出版、2015。

J・デリダ、『エコノミメーシス』、2006（1975）。

長野順子、「おぞましさの美学の帰趨 :「吐き気」の芸術的表象について」、『美学芸術学論集』第 6 巻 3-20 頁、神戸大学文学部芸術学研究室、2010。

中村博雄、『カント『判断力批判』の研究』、東海大学出版会、1995。

西村清和、「〈内なる自然〉の美学 : 醜をめぐって」、美学芸術学研究第 29 巻、東京大学大学院人文社会系研究科・文学部美学芸術学研究室、85-116 頁、2010。

西村清和、『プラスチックの木でなにが悪いのか : 環境美学入門』、勁草書房、2011。

浜野喬士、『カント『判断力批判』研究──超感性的なもの、認識一般、根拠』、作品社、2014。

檜垣良成、「『抽象的思考』批判──カント哲学に通底するもの──」、『哲学・思想論集』第 31 号 75-90 頁、筑波大学哲学・思想学会、2006。

平野真理、「『醜の美学』 ──ボードレールの «Les Petites Vieilles»」、『人文論究』231-249 頁、關西學院大學文學會、2012。

プラトン、『国家』上下、藤沢令夫訳、岩波文庫、1979。

プロティノス・ポルピュリオス・プロクロス、『世界の名著 15』、中央公論、1980。

C・ボードレール、『悪の華』、堀口大学訳、新潮文庫、1953（1861）。

牧野英二、「体系と移行──カント『判断力批判』の体系的意義について」、『法政大学文学部紀要』1-53 頁、法政大学文学部、1991。

御子柴善之、『カント哲学の核心 『プロレゴーメナ』から読み解く』、NHK 出版、2018。

水野邦彦、『美的感性と社会的感性』，晃洋書房，1996。

J・ミルトン、『失楽園』上下、平井正穂、1981（1667）。

宮崎裕助、『判断と崇高──カント美学のポリティクス』、知泉書館、2009。

山鳥重、『心は何でできているのか 脳科学から心の哲学へ』、角川選書、2011 年。

V・ユーゴー、『レ・ミゼラブル』、佐藤朔訳、新潮文庫、1967（1862）。

渡邊二郎、『芸術の哲学』，ちくま学芸文庫，1998。

《二次文献：欧文》

Addison, Joseph. *The Spectator*, No. 414, 25 June, 1712.

Allison, Henry. Pleasure and Harmony in Kant's Theory of Taste: A Critique of the Causal Reading, *Kants Ästhetik, Kant's Aestheics, L'esthétique de Kant*, ed. Herman Parret, 466-483, Walter de Gruyter, 1998.

Allison, Henry. *Kant's Theory of Taste: A Reading of the Critique of Aesthetic Judgment*, Cambridge University Press, 2001.

Ameriks, Karl. *Interpreting Kant's Critiques*, Oxford University Press, 2003.

参考文献

《一次文献》

Königlich-Preußische Akademie der Wissenschaften (Hg.), *Kants gesammelte Schriften*, Walter de Gruyter, 1900ff.

Kant, Immanuel. *Kritik der reinen Vernunft*, hrsg. von Jens Timmermann, Philosophische Bibliothek, Meiner. 1998.

坂部恵、有福孝岳、牧野英二編、『カント全集』、岩波書店、1999-2006。

熊野純彦訳、『判断力批判』、作品社、2015。

《作品》

B・アンジェリコ、《最後の審判》、1430-35。

ウォルト・ディズニー・ピクチャーズ、《美女と野獣》、1991。

J・スターバック、《ヴァニタス：先天性色素欠乏症と拒食症患者のための肉のドレス》、1987。

J・フェルメール、《真珠の耳飾りの少女》、1665。

F・ベーコン、《ベラスケスによるインノケンティウス一〇世の肖像画後の習作》、1953。

H・ボス、《快楽の園》、1503-04。

K・モネ、《睡蓮》、1916。

《二次文献：邦文》

アリストテレス、『詩学』、松本仁助等訳、1997。

安西信一、『イギリス風景式庭園の美学〈開かれた庭〉のパラドックス』、東京大学出版局、2000。

H・C・アンデルセン、『醜い家鴨の子』、菊池寛訳、青空文庫、1928（1843）。

井奥陽子、『バウムガルテンの美学：図像と認識の修辞学』、慶應義塾大学出版会、2020。

池田佳織、「詩人、政治家、ユゴー」、『Azur』55-69 頁、成城大学、2001。

井上義彦、「ライプニッツにおける予定調和と個体的実体の自由について」、『長崎大学教養部紀要』1-35 頁、1983。

U・エーコ、『醜の歴史』、川野 美也子訳、東洋書林、2009（2007）。

小田部胤久、「『移行』論としての『判断力批判』――『美学』の内と外をめぐって――」、『カント哲学のアクチュアリティー――哲学の原点を求めて』88-119 頁、ナカニシヤ出版、2008。

小田部胤久、『西洋美学史』、東京大学出版会、2009。

小田部胤久、「『判断力批判』において ästhetisch とは何を意味するのか」、『日本カント研究』第 17 号 37-46 頁、知泉書館、2016。

門屋秀一、『カント第三批判と反省的主観性――美学と目的論の体系的統一のために』、京都大学学術出版会、2001。

熊野純彦、『カント 美と倫理とのはざまで』、講談社、2017。

小坂国継、「プラトンのイデアについて」、『研究紀要』41-59 頁、日本大学経済学部、2015。

鈴木芳子、「解説・あとがき」、K・ローゼンクランツ『醜の美学』367-394 頁、2007。

高木駿、「趣味判断における快の感情の生成――『認識一般』からの捉え直し」、『日本カント研究』第 17 巻 157-171 頁、日本カント協会、2016a。

高木駿、「『趣味の主観主義』を拡張する――『判断力批判』における『認識一般』を導き糸に」、『哲学論集』第 45 号 73-88 頁、上智大学哲学会、2016b。

高木駿、「趣味判断『このバラは美しい』に関するカントの自己矛盾？」、『美学』第 248 号 13-24 頁、美学会、2016c。

高木駿、「趣味判断が誤るとき：『判断力批判』における情感的意識の観点から」、『美学』第 250 号 13-24 頁、美学会、2017。

高木駿、「趣味判断における不快の感情の生成――カント美学と醜さ」、『日本カント研究』第 19 号 121-137 頁、日本カント協会、2018。

高木　駿（たかぎ・しゅん）

一九八七年生まれ。北九州市立大学基盤教育センター准教授。北海道大学人間知×脳×ＡＩ研究教育センター客員研究員。一橋大学大学院社会学研究科博士後期課程修了。博士（社会学）。専門は、哲学、美学、ジェンダー論、価値理論。日本カント協会第14回濱田賞受賞。著作に『問いとしての尊厳概念』（法政大学出版局、二〇二四年、共著）、『カント『判断力批判』入門――美しさとジェンダー』（よはく舎、二〇二三年、単著）、論文に「美と（トランス）ミソジニー――美の家父長制の粉砕を目指して」（『北九州市立大学基盤教育センター紀要』第44号、二〇二五年）、ほか。

Νυξ叢書　010

醜さの美学
——カント『判断力批判』の新展開

二〇二五年三月三一日　第一刷発行

著　者　高木　駿

発行所　よはく舎
〒一八三—〇〇二一
東京都府中市片町二—二一—九
ハートワンプラザ三階

印刷製本　株式会社モリモト印刷
造本設計　大崎善治（SakiSaki）
カバーデザイン　Kengo Shiroshita
組　版　トム・プライズ

ISBN978-4-910327-23-5

高木 駿　既刊書籍

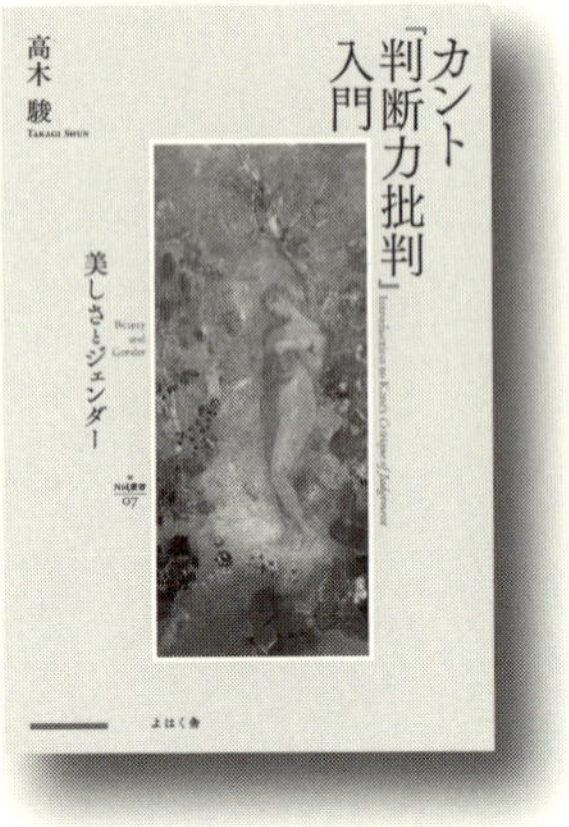

nyx 叢書 007

『カント『判断力批判』入門
美しさとジェンダー』

今までになかった『判断力批判』入門！
近年の再検討事項でもあるジェンダーの視点を取り入れつつ、
「難解」と評判のカント美学を理解しやすいように解説。

ISBN　978-4-910327-10-5
2023 年 3 月 31 日 発行